Editora: Ambra University Press
Primeira edição: outubro 2025 (Revisão 1.01)

Autores: Luciana Severo; Virginia Neusa Lima Cardoso; Roberto Vinícius Fonseca Silveira da Silva; Hamidy Omar Safadi Kassmas; Ana Carolina Almeida de Castro; Elen Cristina do Nascimento; Udo Oswaldo Uhlmann.
Título: Gestão de Conflitos: Mediação Aplicada em Múltiplos Contextos: Construindo caminhos para o diálogo e a pacificação social
Design da capa: Ambra University Press
Projeto gráfico: Ambra University Press
Revisão: Ambra University Press

Formato e-book: EPUB
Formato impresso: Capa mole - 6 x 9 polegadas

ISBN: 978-1-966958-22-2 (Impresso – capa mole)
ISBN: 978-1-966958-21-5 (e-book – EPUB)

Ambra é uma marca da Ambra Education, Inc. registrada no U.S. Patent and Trademark Office.
Ambra University Press é uma divisão da Ambra Education, Inc.
Orlando, FL, EUA
https://press.ambra.education/ • https://www.ambra.education/

PREFÁCIO

Vivemos em uma sociedade marcada por transformações profundas e pela intensificação dos conflitos em múltiplos âmbitos da vida social. O modelo tradicional de resolução de disputas, centrado quase exclusivamente no Estado-juiz, tem se mostrado insuficiente para atender às demandas de celeridade, efetividade e humanização das relações. Diante desse cenário, os métodos autocompositivos emergem como respostas necessárias e transformadoras.

A mediação ocupa lugar central nesse movimento. Mais do que um procedimento jurídico, ela representa uma prática social de diálogo e corresponsabilidade, que permite às partes retomar a comunicação, compreender interesses e construir soluções conjuntas. Diferente da sentença judicial, que impõe uma decisão, a mediação aposta na autonomia, na criatividade e na restauração das relações, fortalecendo a cidadania e a cultura democrática.

Esse espírito dialoga diretamente com a proposta do sistema multiportas, que reconhece a diversidade de métodos possíveis para enfrentar disputas e propõe a escolha da via mais adequada para cada caso. Nesse cenário, a mediação se articula com a conciliação, a negociação, a arbitragem e a justiça restaurativa, compondo um verdadeiro ecossistema de acesso à justiça.

O Brasil avançou nesse campo com a edição da Lei 13.140/2015 e com o Código de Processo Civil de 2015, que consolidaram a mediação como política pública e prática jurídica estruturada. Contudo, o maior desafio ainda está na construção cultural, ou seja, estimular o diálogo como forma legítima de resolução e prevenção de conflitos.

É justamente nesse horizonte que se insere este livro. Os capítulos aqui reunidos resultam de um processo de construção acadêmica e coletiva, que alia fundamentação teórica, análise normativa e aplicação prática. Cada texto reflete não apenas pesquisa, mas também o amadurecimento crítico de seus autores diante da mediação como método transformador.

O resultado é um mosaico rico e plural: da filosofia do direito à regulamentação normativa, das relações empresariais e trabalhistas às práticas escolares e restaurativas. Mais do que um compêndio acadêmico, este livro é testemunho de como o conhecimento pode se traduzir em reflexão aplicada e em contribuição efetiva para o fortalecimento da cultura de paz e de diálogo.

Luciana Severo

NOTA DO ORGANIZADOR

A obra reúne capítulos que são frutos do Mestrado em Ciências Jurídicas com ênfase em Resolução de Conflitos e Mestrado em Resolução de Conflitos da Ambra University, elaborados em trabalhos finais da disciplina de Mediação. Os artigos nasceram de processos que reúnem pesquisa, estudo e reflexão crítica, compilada por equipe de mestrandos, focados em explorar diferentes dimensões da mediação em diálogo com a teoria, a legislação e a prática.

A proposta de transformar esses trabalhos acadêmicos em um livro resulta da convicção de que a produção universitária não deve permanecer restrita ao ambiente acadêmico, mas precisa dialogar com a sociedade e contribuir para o desenvolvimento da cultura jurídica e social. O que aqui se apresenta vai além de exercícios de avaliação, são reflexões consistentes que revelam a maturidade intelectual dos autores e seu compromisso com a construção de uma cultura de diálogo.

Organizar esta coletânea foi reconhecer o valor desse esforço coletivo e dar unidade à diversidade de perspectivas apresentadas. Assim, este livro se torna testemunho da força da formação acadêmica aliada ao compromisso com a prática social. Nessa linha, aqui assenta-se o desejo que os leitores encontrem, páginas que proporcionem além de novos conhecimentos, tópicos de inspiração e compreensão da magnitude da mediação como caminho de transformação das relações humanas.

Luciana Severo

Nota de responsabilidade

Os artigos e ensaios reunidos nesta obra são de inteira responsabilidade de seus respectivos autores. As opiniões, interpretações e conclusões expressas não refletem, necessariamente, a posição dos organizadores nem da instituição editora.

SUMÁRIO

SOBRE OS AUTORES

LUCIANA SEVERO (ORGANIZADORA)

Mediadora Judicial e Privada de Conflitos nas áreas de Família, Empresarial e Conflitos Coletivos. Sócia da Acrópole Câmara Privada de Mediação e Conciliação. Doutoranda em Políticas Públicas - IDP - Brasília. Mestra em Solução de Conflitos pela Ambra University - USA. Expert em Políticas Públicas pela Ambra University - USA. Docente e Coordenadora do Centro de Desenvolvimento das Práticas de Mediação da Ambra University (USA). Mediadora certificada ICFML. Supervisora em Mediação. Designer de Conflitos Escolares. Mediadora do Conselho de Psicologia do Rio Grande do Sul. Coautora do livro "Mediação de Conflitos na Escola - Cenários, Sentidos e Perspectivas" (2023). Palestrante.

VIRGINIA NEUSA LIMA CARDOSO

Advogada da Caixa. Gestora da área Jurídica da Caixa. Instrutora da Universidade Caixa. Professora. Especialista em Processo Civil. Especialista em Direito Imobiliário, Registral, Notarial e Urbanístico. MBA em Bussinees Law pela FGV. Mestra em Direito- resolução de conflitos pela Ambra University.

Roberto Vinícius Fonseca Silveira da Silva

É Advogado, Técnico em Edificações e atualmente atua como Contador na Coordenação de Licitações na NAV Brasil, Empresa Pública Federal de Navegação Aérea, no Rio de Janeiro/RJ. Foi Presidente da Comissão Municipal de Contribuintes de Tefé/AM e trabalhou por longo período como Assessor de Diretoria na Assembleia Legislativa do Estado do Amazonas (ALEAM).

Hamidy Omar Safadi Kassmas

Graduada pela faculdades Curitiba. Pós graduada em Direito Processual Civil pela UNISUL. Pós Graduada em Direito Tributário pela Universidade Anhanguera. Mediadora judicial pela Escola Superior da Advocacia. Mestranda em Resolução de. conflitos pela Ambra University. Advogada, atuante nas áreas de Direito tributário e empresarial. Sócia fundadora da Converse Câmara de Conciliação e Mediação. Atua como mediadora judicial junto ao Núcleo de conciliação do segundo grau do Tribunal de Justiça do Paraná.

Ana Carolina Almeida de Castro

Advogada graduada em Direito pela Universidade Candido Mendes (2012), com especialização em Direito Público com ênfase em Políticas Institucionais (2012) e em Direito e Processo do Trabalho e Previdenciário pela Universidade Estácio de Sá - UNESA (2020). Mestre em Direito pela Ambra University com ênfase em Resolução de Conflitos (2025).

Elen Cristina do Nascimento

Advogada Sênior e Pesquisadora. Mestranda em Ciências Jurídicas com ênfase em Resolução de Conflitos pela Ambra University (Orlando, EUA), além de cursar Filosofia do Direito. Graduada em Direito pela FADIVA - Faculdade de Direito de Varginha. Possui formação técnica em Contabilidade e Pós -graduação com Especialização em Direito de Família e Sucessões pela Faculdade Metropolitana do Estado de São Paulo.

Udo Oswaldo Uhlmann

Experiência com mais de 20 anos na área de conflitos e intermediações profissionais, com ênfase em acordos, condução de mediação e arbitragem, confecção de peças processuais e com ótimos resultados em sustentação oral e audiências.

FILOSOFIA E MEDIAÇÃO: AS RELAÇÕES ENTRE AS TEORIAS DA JUSTIÇA E A MEDIAÇÃO

Autora: Virginia Neusa Lima Cardoso

CONSIDERAÇÕES GERAIS

O presente capítulo abordará as relações entre as teorias da justiça e a mediação, notadamente na teoria de Rawls e Habermas, com sua argumentação comunicativa.

A escolha de Rawls e Habermas é sobretudo em razão de encontrarmos nestes autores teorias de justiça como forma de espaço argumentativos para o livre e efetivo acesso à justiça, e por consequência à mediação.

A discussão proposta iniciará com o item teoria da justiça e acesso à justiça, onde se discutirá em que ponto as teorias da justiça podem justificar o acesso à justiça como direito fundamental.

De início, e para melhor compreensão, analisaremos o direito fundamental de acesso à justiça, e toda a discussão em torno da efetivação deste. Analisaremos, sobretudo a obra de Capeletti e Garth (1977) e de Boaventura de Souza Santos (2007)

A teoria da Justiça, entendida como o estudo axiológico do Direito, desde John Rawls, ultrapassa as questões de um mero contrato social. Se busca o ideal de justiça e como a sociedade contemporânea escolhe de fato esse ideal. Ou seja, como equilibrar o dito e o proposto pela realidade social.

Para Rawls, a justiça deve ser entendida como equidade, tendo como força motriz a liberdade (aqui todos os tipos de direito de liberdade seja a consciência, a manifestação, liberdade econômica) e a igualdade (também considerando aqui o princípio da diferença). E como veremos adiante, a mediação se coaduna com este pensamento na medida que Rawls converge para uma justiça distributiva, consectária da mediação.

Para Habermas, a teoria da justiça repousa na ideia de que o Direito deve ser tratado, discutido dentro de um campo argumentativo, comunicacional da sociedade, que assim o é por natureza. Em Habermas veremos como a democracia deliberativa, por ser baseada na sua teoria, atua para tornar a mediação um instrumento desta democracia.

TEORIA DA JUSTIÇA NO DIREITO FUNDAMENTAL DO ACESSO À JUSTIÇA. DE CAPPELLETTI A BOAVENTURA DE SOUSA SANTOS.

O acesso à justiça como direito fundamental está previsto na Constituição Federal de 1988 no art. 5ª, inciso XXXV (a lei não excluirá da apreciação do Poder Judiciário lesão ou ameaça a direito). Aparentemente o constituinte apenas tratou de acesso aos Tribunais. Porque, de fato, houve, em determinado momento histórico-político, a visão de que apenas ao Estado cabia resolver o conflito, e que aquela decisão estatal traria a pacificação social. E foi justamente em razão desse pensamento que chegamos ao ponto que qualquer demanda, qualquer litígio só caberia ser resolvido pelo Estado-juiz.

A consequência, por óbvio, acarretou um abarrotamento de demandas das mais diversas ordens, e nem sempre a resposta efetiva veio, ou sequer a pacificação social. Por isso tudo, surgiram daí vários questionamentos dessa atuação e formas de mitigar essas dificuldades, um desses movimentos importantes foi o Projeto Florença (1977), criado por Mauro Cappelletti e Bryan Garth.

Foi a partir do Projeto Florença que surgiu o livro "Acesso à Justiça" que discutiu as três de ondas de acesso à justiça, que engloba0 desde a assistência gratuita, passando por defesa dos interesses difusos e coletivos. Por fim, a terceira onda trata exatamente de mecanismos de ampliar a jurisdição, por meios alternativos e adequados, e dentre eles, a mediação. E daí chegaremos aos Sistema Multiportas.

Cappelleti e Garth (1977), dentro do contexto das ondas renovatórias do Direito, trazem grande crítica às formas existentes de acesso a direitos e ao Judiciário. Tais críticas vão desde a dificuldades econômicas de manusear processos. Neste ponto, a "assistência judiciária" sempre foi vista como caridade, e não, propriamente um dever jurídico por parte do Estado. A primeira onda reformista diz respeito a possibilitar que todos os indivíduos pudessem ter acesso à efetividade de seus direitos. Estes foram os sistemas judicare (advogados privados pagos pelo Estado) ou os advogados públicos.

A segunda onda renovatória que Cappelleti e Garth (1977) analisaram, foi a que tratou dos chamados direitos difusos e direitos coletivos, ambos de natureza transindividual, indivisíveis. Os primeiros unem sujeitos por uma relação de fato, enquanto os segundos unem sujeitos por uma relação jurídica. Tais reformas surgiram em razão de lutas de grupo que passaram a se unir para efetivação de seus direitos em razão de desigualdades sociais, econômicas. Mas o maior choque é exatamente a dificuldade de acesso ao Judiciário, ao um processo feito dentro da lógica do liberalismo, e que tratava de forma individual cada processo. E após embates e lutas desses grupos, a segunda onda renovatória proporcionou mudanças sistemáticas e substanciais no processo civil, e sobretudo na condução do processo pelo Judiciário.

A terceira onda renovatória do direito fundamental do Acesso à Justiça é a mais pulsante, pois vai tratar de soluções, ou melhor, do exercício de direitos fora do Judiciário, fora do Estado-juiz. Alargando possibilidade de resolução de conflitos. Cappelleti chama de método de acesso, notadamente por trazer novas formas de participação da sociedade na concretização de seus direitos. Saindo do rigor formalístico, impulsionando a justiça social.

> O ícone da perfeição do sistema processual já foi quebrado: não há mais razões para permanência ad infinitum de formas e procedimentos não aproveitáveis pelos membros da sociedade e que não atendam à razão de sua criação, qual seja a resolução dos atuais e prevenção de novos conflitos. (Gomes Neto, 2003, p. 74)

Neste contexto, nesta nova onda, encontramos o sistema multiportas, incluindo as soluções adequadas de resolução de conflitos (conciliação, mediação arbitragem) e o próprio Judiciário menos formalista e preocupado com a efetivação de direitos.

Mais recentemente, o professor português Boaventura de Sousa Santos (2007) também começou a analisar de forma profunda o que seria acesso à justiça, e o fato de resumir a reformas, Boaventura de Sousa Santos vai além, ao afirmar que a reforma é muito maior, ela deve ser estrutural, trabalhando com causas visíveis e invisíveis.

Para Boaventura (2007), não se trata apenas de reformas, mas de mudanças estruturais. Por isso que ele trata da necessidade de uma Revolução Democrática da Justiça, da sociedade e do Estado. Esse movimento "revolucionário" tem suas origens na própria crise do Estado-Providência, que acabou por não suportar toda a perspectiva do acesso à justiça, que deveria englobar. Vive-se uma crise financeira, e uma luta por permanência de direitos, e nem se trata de criar outros. O Estado -juiz se vê diante um acúmulo de demandas, litígios em massa, e ainda uma crise de descrédito do próprio Judiciário (Boaventura chama de sociologia da ausência).

O Neoliberalismo também não deu conta de toda a emergência mundial de acesso a direitos. Diante desse quadro, segundo Boaventura, o Judiciário mantém postura hegemônica quando serve ao mercado, ao sistema, numa postura que se coaduna com a Globalização. Então encontramos várias decisões modernas, menos burocráticas, ágeis. Já numa postura não hegemônica, o Judiciário entra em contrato com aqueles cidadãos que já sabem de seus direitos e buscam resposta para a concretização destes. "Processos de mudança constitucional lhes deram direitos significativos e que, por isso, veem no direito e nos tribunais um instrumento importante para fazer reivindicar os seus direitos e suas justas aspirações a serem incluídos no contrato social" (SANTOS, 2007, p. 21).

E é neste contexto, que Boaventura trata da emancipação de direitos, dentro do aspecto de uma revolução, de uma mudança de estrutura, mudança de pensamento, que propõe desde reformas processuais profundas; mudança no ensino jurídico; novo posicionamento judicial, mais independente; relação mais transparente entre todos os poderes e a mídia; desenvolvimento de uma cultura jurídica democrática.

Tanto em Cappelleti e Garth (1977) quanto em Boaventura (2007), vemos pontos de convergência sobretudo quando em ambas as ideias há um Judiciário que não é apenas a única fonte de acesso a direitos. Ao contrário, a massificação de demandas, uma postura conservadora, e necessidade de novo pensar sobre direitos e a capacidade de exercê-los.

Aqui vale uma importante análise sobre o sistema Multiportas, notadamente por estar no mesmo viés de um acesso à justiça efetivo, e por conversar com tudo que foi discutido neste tópico. Dentro das ondas renovatórias de acesso à justiça e na própria teoria de Boaventura, vemos a necessidade de alargar as formas de concretizar Direitos, sendo isso um movimento emancipatório da sociedade e do próprio Direito.

A expressão criada pelo Sander em 1970, em Havard, estava relacionada à crise do Judiciário norte-americano. E naquele momento havia um movimento para que existisse várias formas de acesso ao processo judicial. Para este sistema, o conflito deve ser tratado de forma adequada, sem imposição da escolha de uma "porta" apenas. Multiplicidade de escolha reduz custas, agiliza processos judiciais e diminui a possibilidade de um novo conflito. O Sistema multiportas abarca todos os tipos de soluções de conflitos, seja hetero-composição ou autocomposição.

A legislação brasileira através de várias leis e principalmente o Código de Processo Civil de 2015, um marco no exercício do Sistema Multiportas. O próprio Conselho Nacional de Justiça, através da Resolução nº 125/2015.

RAWLS E A MEDIAÇÃO

John Rawls em sua obra, "Uma Teoria da Justiça" (1971) buscou analisar a Justiça como objetivo primário da estrutura básica da sociedade. Influenciado por Kant e Rousseau, Rawls propunha que haveria, de fato, um contrato social, onde todos os indivíduos, sob o véu da ignorância, e despidos de questões individuais, escolheriam quais os princípios que regeriam aquela sociedade onde estavam inseridos.

E de que forma seriam distribuídos os direitos e deveres para aqueles cidadãos é exatamente a forma de que se entenderia a Justiça. Para Rawls (1971), a Justiça, entendida como força motriz estava alicerçada em dois principais princípios: a liberdade e a igualdade.

As liberdades básicas englobam as liberdades de consciência, direito de propriedade, liberdade política, liberdade pensamento, etc. Para Rawls, o princípio da liberdade é o mais importante dos princípios, e que nos leva também ao próximo princípio norteador, o princípio da igualdade. O princípio da igualdade tem como condão sobretudo atenuar ou diminuir as desigualdades sociais e econômicas, ou seja, corrigir as diferenças (princípio da diferença).

A partir desses dois princípios, liberdade e igualdade, Rawls (1977) construiu sua teoria da Justiça por Equidade, uma justiça que efetivamente distribuiria direitos e bens para cidadãos livres e iguais; E nesse ponto que a teoria rawliana encontra seu viés democrático tão forte, porque permite que a sociedade escolha sua forma de participação na construção do bem comum.

> A justiça como equidade é elaborada como essencialmente uma concepção política de justiça. Uma questão básica abordada refere-se ao fato de como as pessoas podem cooperar entre si em uma sociedade apesar de sustentarem doutrinas abrangentes profundamente contrárias, embora razoáveis. Isso se torna possível quando os cidadãos compartilham uma concepção política razoável de justiça (Fontes, 2018, 52-53)

Mas voltando ao ponto de nossa análise, e depois dessa síntese da teoria da Justiça por Equidade, como a mediação estará abrangida e alicerçada por esta teoria? Muito embora Rawls, aparentemente, não tenha tratado de conflitos, vez que em sua sociedade ideal, não haveria tais questionamentos de atuação, ele fez mais, ele possibilitou a luta pela liberdade e pela igualdade. E no final das contas, os conflitos nascem justamente daí.

> Dessa forma, sendo a estrutura básica da sociedade o objeto primário da justiça, necessário um mecanismo que auxilie na manutenção da paz social, evitando-se e prevenindo-se conflitos que possam desestruturá-la e desorganizá-la. Por fim, como os princípios da justiça aplicam-se a esta estrutura social, distribuindo direitos e obrigações e assegurando liberdades básicas aos cidadãos, a mediação acaba contribuindo para esse sistema de liberdades, além de evitar desordem e prevenir novos litígios. (Ghisleni e Spengler, 2011, p. 27)

A mediação, entendida como forma uma forma de resolução de conflitos pelas partes com auxílio de um terceiro, materializa a liberdade e a igualdade de Rawls e sua justiça equitativa, já que tem como objetivo o exercício da comunicação para restaurar o vínculo entre os envolvidos, fortalecendo as relações individuais. A mediação é uma política pública a partir do momento que restaura relações, insere o individuo como principal ator na formulação da justiça consensual.

HABERMAS E A MEDIAÇÃO

Jürgen Habermas (2002) foi o precursor da Teoria Comunicativa ou do Agir Comunicativo, que tinha como mote a criação de um espaço de comunicação, de argumentação entre os indivíduos da sociedade. Habermas propõe, assim, uma nova forma da Democracia dentro do Direito Político. A Democracia deliberativa permite interação efetiva entre os cidadãos. Direitos e deveres ali naquele espaço de convivência terão maior forças porque há um legítimo debate entre todos.

Para Habermas, sociedade onde não há esse diálogo, cada indivíduo tem compromisso consigo. Apenas numa sociedade que possui atitude autocrítica e reflexiva, baseado na argumentação é possível construir espaços vivos, que percebem cada indivíduo ao mesmo tempo que permite que o coletivo tenha um importante papel também sob o ponto de vista moral e sociológico.

Assim, o que vemos é que numa sociedade onde há está interação, crescem os comportamentos de interação, solidariedade. Passando-se do processo comunicativo para processo argumentativo.

Dentro da teoria do conflito, a teoria harbermasiana encontra ponto fértil, sobretudo por estarmos diante do debate em que o conflito é colocado como algo inerente à sociedade. Mas Harbermas acaba por não "criminalizar" o conflito. Ao revés, como visto anteriormente, o conflito dialogado, reflexivo leva a uma sociedade democrática, porque delibera sobre seu futuro.

> O novo paradigma do direito, baseado na democracia processual e na política deliberativa, exige que a discussão argumentada predomine sobre a decisão voluntária do poder. A razão processual convoca a

prática do entendimento consensual por meio do diálogo. Assim, "a validade das normas jurídicas depende de seu acordo com o mundo cotidiano vivido, que é o próprio télos do 'agir comunicacional' (HABERMAS, 1997)." (Ghisleni* e Spengler, p. 14, 2011)

E é por isso que a Mediação tem tanta congruência com a teoria habermasiana. A Mediação, conhecida como um processo de solução de conflitos/litígios por meio de um diálogo entre os envolvidos com a presença de um terceiro (mediador) que os auxilia nesse processo, propõe exatamente o debate profícuo, com sopesamento dos interesses envolvidos e encontro de uma solução interessante para todos.

A Mediação torna-se, pela própria teoria do Agir Comunicativo, um instrumento de concretização de valores democráticos, de política pública de conciliação. Facilitando que o próprio indivíduo participe da tomada de decisão de seus interesses (democracia deliberativa) e da própria sociedade.

> A mediação, portanto, surge como um processo de superação dos conflitos centrada no diálogo e na autonomia dos envolvidos no problema, que tem na pessoa do mediador, uma terceira pessoa imparcial (que é detentora da confiança das partes) na condução desta nova concepção de resolver o conflito, atuando como um facilitador do processo. (Bustamante, p. 11, 2013)

O que temos, então, é que a Mediação está completamente absorvida pela teoria habermasiana, que trata do Agir comunicativo, principalmente por ser instrumento de exercício da democracia deliberativa.

CONSIDERAÇÕES FINAIS

A Mediação, inserida atualmente como método adequado de solução de conflitos, também tem profunda ligação com as teorias da justiça de Rawls e Habermas.

A categorização da Mediação como "solução de conflitos" está inserida na nova forma de atuar e efetivar o direito fundamental de "acesso à justiça", que está previsto no art. 5ª, inciso XXXV (a lei não excluirá da apreciação do Poder Judiciário lesão ou ameaça a direito) da Constituição Federal de 1988. Muito embora o Constituinte Originário tenha utilizado "judiciário", na finalidade é sobretudo viabilizar o exercício do acesso a uma ordem jurídica justa.

Esse pensamento está presente nas discussões sobre a crise do Judiciário, que não consegue dar conta de tudo que lhe enviado, mas não só pelos aspectos de demandas em si. Por vezes, o que temos é uma crise de legitimidade. É nesse contexto, que surgem as análises de Mauro Cappelleti e Garth no final da década de setenta nos EUA, cujos estudos tratam das ondas renovatórias de acesso. E no século XIX, temos como grande analista, Boaventura de Sousa Santos, com sua teoria da revolução emancipatório do Direito.

Em linhas gerais, para Cappelleti e Garth, o direito de Acesso à Justiça passou por ondas renovatórias ao longo dos tempos. Uma primeira onda tratou da assistência judiciária. A segunda onda permitiu que grupos de pessoas pudessem reivindicar direitos exatamente por esta condição (direitos difusos e direitos coletivos). E a terceira onda é aquela que traz a possibilidade de acesso à justiça fora do campo do Estado-juiz. O direito é produzido em outras esferas. Podendo a sociedade escolher a forma de acesso. E daí surge o sistema Multiportas de Sander, e a mediação neste contexto.

Boaventura, mais recentemente, e no mesmo pensamento acima, da necessidade de uma nova postura de acesso à direitos, de acesso á justiça. Analisa a necessidade de um movimento revolucionário de Direito, do Estado e da sociedade. Ele propõe uma mudança de pensamento, mais que um método, ou um sistema. Trata-se de remodelar toda uma estrutura do Judiciário, mais independente, menos conservador, mais transparente, um ensino jurídico reformulado, numa atitude democrática.

E dentro do aspecto axiológico, a mediação não apenas uma forma de "solução adequada de conflitos". Para além desse aspecto, a filosofia jurídica a trata como forma de exercício de liberdade dentro de uma comunidade que se pretende democrática.

A Mediação em Rawls aparece dentro do contexto da Justiça Equitativa, que consagra o princípio da liberdade (liberdades básicas englobam as liberdades de consciência, direito de propriedade, liberdade política, liberdade pensamento) e o princípio da igualdade como norteadores de uma sociedade que busca o bem-estar, e sobretudo a justiça. Mediação é, assim, uma política pública de acesso à justiça por cidadãos livres e iguais, que podem escolher a melhor forma de resolver conflitos, já que o princípio da Justiça é o ideal a ser seguido.

Em Habermas, a Mediação consagra-se como um instrumento da Teoria do Agir Comunicativo. Essa teoria propõe que a sociedade possa exercer seus argumentos e sua reflexões dentro de um espaço. E neste sentido que a mediação converge com a democracia deliberativa. Os cidadãos, mesmo em conflito, mas no exercício argumentativo, e mesmo com auxílio de um terceiro, como é o caso da mediação, conseguem alcançar a pacificação social.

O presente capítulo assim tratou de discutir sob aspectos filosóficos e sociológicos o lugar da medicação, e sua importância como forma de efetivação do acesso à Justiça.

REFERÊNCIAS

Borba, J. T. H. E., Fibrans, W. P., & Costa, T. N. G. (2016). A mediação de conflitos: um olhar a partir da teoria dos jogos. Mostra de iniciação científica IMED 2016, 60.

Bustamante, A. P. (2013). A aplicação do agir comunicativo de Habermas na mediação comunitária: o diálogo como instrumento transformador. Revista da Faculdade de Direito Candido Mendes [Internet], 18(18), 175-193.

Costa, L. V. D. (2019). O sistema multiportas e sua contribuição para a ampliação do acesso à justiça no Brasil. 53 p. Trabalho de Conclusão de Curso. Universidade de Brasília/UNB, 2019. Disponível em: <https://bdm.unb.br/bitstream/10483/23555/1/2019_LucasVieiraDaCosta_tcc.pdf>.

De Sousa Santos, B. (2016). Para uma revolução democrática da justiça. Leya.

Do Brasil, S. F. (1988). Constituição da república federativa do Brasil. Brasília: Senado Federal, Centro Gráfico.

Ghisleni, A. C., & Spengler, F. M. (2011). A justiça como equidade na teoria de John Rawls: a mediação enquanto política pública de sua concretização. Desenvolvimento em Questão, 9(18), 5-29.

Ghisleni, A. C., & Spengler, F. M. (2013). A mediação como instrumento de resolução de conflitos baseada na teoria da ação comunicativa de Habermas. Pensar-Revista de Ciências Jurídicas, 18(1), 47-71.

Gomes Neto, J. M. W. (2003). O acesso à justiça em Mauro Cappelletti: análise teórica desta concepção como" movimento" de transformação das estruturas do processo civil brasileiro (Master's thesis, Universidade Federal de Pernambuco).

Griebler, J. B.; SERRER, F. (2020). Sistema multiportas de justiça e a atuação do projeto de extensão conflitos sociais e direitos humanos. Revista Direito em Debate, v. 29, n. 53, p. 168-181.

Habermas, J. (2002). Agir comunicativo e razão destranscendentalizada. Trad. L. Aragão. Revisão D. C. da Silva. Rio de Janeiro: Editora Tempo brasileiro.

Miranda, J. T., & Cardoso, V. N. L. (2024). Filosofia e mediação: as relações entre as teorias da justiça de Rawls e Habermas e a mediação. Revista de Formas Consensuais de Solução de Conflitos, 10(1).

PIRES, S. M. P. (2022). Acesso à justiça pela via de direitos: um diálogo com Boaventura de Sousa Santos. Mnemosine Revista, 13(1), 105-107.

Schorr, J. S. (2015). Resenha: Para uma revolução democrática da justiça. (Boaventura de Sousa Santos). Revista Direito em Debate, v. 24, n. 44, p. 208-214.

Stefanoni, L. R. R. (2018). A justiça em Aristóteles e a mediação extrajudicial de conflitos; 245 f. Tese (Doutorado em Direito) - Programa de Estudos Pós-Graduados em Direito, Pontifícia Universidade Católica de São Paulo.

Vitovsky, V. S. (2016). O Acesso à justiça em Boaventura de Sousa Santos. Revista Interdisciplinar do Direito-Faculdade de Direito de Valença, 13(1).

O MARCO LEGAL DA MEDIAÇÃO NO BRASIL: A LEI DA MEDIAÇÃO E O CPC

Autor: Roberto Vinícius Fonseca Silveira da Silva

CONSIDERAÇÕES INICIAIS

Na vasta tapeçaria do sistema jurídico brasileiro, a mediação emerge como uma técnica revolucionária na gestão de conflitos, proporcionando um caminho alternativo para a resolução de disputas.

Com o objetivo de construir um capítulo de livro, se propõe a traçar uma jornada pelo marco legal da mediação no Brasil, com especial atenção à promulgada Lei da Mediação (Lei nº 13.140/2015) e à sua interação significativa com o Código de Processo Civil (CPC) de 2015.

O intuito é desvelar os fundamentos, implicações e desafios inerentes a essa legislação, compreendendo a sua aplicabilidade prática e os reflexos na cultura jurídica nacional. Ao adentrar nesse panorama, exploraremos as raízes históricas da mediação, os princípios basilares consagrados pela legislação pátria, e a simbiose entre a mediação e o CPC como uma abordagem inovadora no cenário judiciário.

Por meio de análises detalhadas, este capítulo almeja contribuir para a compreensão profunda do papel transformador da mediação no Brasil, destacando como a Lei da Mediação e o CPC convergem para moldar a prática jurídica contemporânea, promovendo eficiência, acesso à justiça e uma cultura de resolução consensual de conflitos.

O MARCO LEGAL DA MEDIAÇÃO NO BRASIL: A LEI DA MEDIAÇÃO E O CÓDIGO DE PROCESSO CIVIL

Uma Breve História da Mediação no Brasil

A história da mediação no Brasil é um tema relevante e de crescente importância. De acordo com Leite (2016), "a mediação como atividade humana tem existido desde os primórdios da vida em sociedade", mas sua consolidação como um mecanismo moderno de regulação de condutas é mais recente, sendo atualmente reconhecida como uma prática social estruturada.

No cenário legislativo brasileiro, a mediação começou a ganhar destaque com o Projeto de Lei nº 4.827/98, proposto pela Deputada Zulaiê Cobra, que, conforme Pinho (2011), "levou à Câmara uma regulamentação concisa, estabelecendo a definição de mediação e elencando algumas disposições a respeito". No entanto, os primeiros movimentos para a institucionalização da mediação surgiram na década de 1970, como parte das políticas de ampliação do acesso à Justiça. Nesse período, houve a introdução tímida da mediação comunitária e trabalhista, "influenciada pelo movimento norte-americano" (Pinheiro, 2020).

A construção da mediação no Brasil ainda está em processo, especialmente quando se trata de diferenciá-la da conciliação e arbitragem. Leite (2016) afirma que "a mediação brasileira se construiu e ainda se constrói atualmente a partir da distinção desse instituto jurídico com a conciliação e arbitragem". Além disso, a mediação, ao inserir-se no ordenamento jurídico, passou a ser tratada de maneira interdisciplinar e, conforme Leite (2016), "foi alimentada pela via principiológica". Este método pode ser aplicado em "conflitos que versem sobre direitos disponíveis ou sobre direitos indisponíveis que admitam transação" (Leite, 2016).

O entendimento moderno da mediação reflete debates que começaram a surgir a partir da década de 1960, quando "a prática processual reaparece como possibilidade de mudança de cultura, saindo do adversarial para uma construção dialógica" (Leite, 2016).

O marco legal da mediação no Brasil foi consolidado em 26 de junho de 2015, com a aprovação da Lei n° 13.140/2015, que "regulou e normatizou a prática da mediação, ampliando sua aplicabilidade nos Tribunais" e promovendo a criação de órgãos como os Centros Judiciários de Métodos Consensuais de Solução de Disputas (CEJUSCs) (Pinheiro, 2020).

Uma Análise da Lei de Mediação (Lei Nº 13.140/2015)

A Lei da Mediação (Lei nº 13.140/2015) emerge como um pilar fundamental no estabelecimento de diretrizes normativas para a prática da mediação no contexto jurídico brasileiro. Neste subtópico, realizaremos uma análise aprofundada, desmembrando os principais aspectos da legislação e destacando sua contribuição para o desenvolvimento da mediação como método consagrado de resolução de conflitos.

Princípios Fundamentais da Mediação.

O artigo 2° da Lei n° 13.140/2015 apresenta quais são os valores que regem a mediação, como procedimento de solução de conflitos. Rol principiológico, que são: a) imparcialidade do mediador; b) isonomia entre as partes; c) oralidade; d) informalidade; e) autonomia da vontade das partes; f) busca do consenso; g) confidencialidade; h) boa-fé.

Dentre os Princípios Fundamentais da Mediação, primordialmente cabe ser destacado o "Princípio da Confidencialidade" onde que nos artigos 30 e 31 da Lei de Mediação destaca as obrigações e exceções do mediador, sendo este que conduz a mediação, tendo este em suma tal obrigação como posição impositiva de resguardar o que na mediação é retratado sem que haja qualquer interferência ou convencimento sobre o processo legal, principalmente sobre o convencimento do juiz, caso o processo siga para as Audiências de Instrução e Audiências de Julgamento, ou combinadas, até.

Logo, ficando claro o papel do mediador na manutenção do "Princípio da Confidencialidade", embora a responsabilidade sobre informações confidenciais seja compartilhada entre todos os participantes dos procedimentos de mediação (Fachini, 2023).

Sobre os demais princípios, ainda que estejam normatizados na Lei de Mediação, estes são "ratificados" na Resolução nº 125 do Conselho Nacional de Justiça, no anexo III, no art. 1º, o Código de Ética de Conciliadores e Mediadores que segundo Daniel Brantes Ferreira e Luciana Severo, no artigo "O que é Mediação?", de 2021, esclarecem pontualmente da seguinte forma:

> I - Imparcialidade do Mediador.
>
> Determina que o mediador proceda de forma isenta de vinculações de qualquer tipo com qualquer das partes, bem como se abstenha de tomar partido em qualquer momento do procedimento de mediação.
>
> II - Isonomia entre as partes.
>
> Para que haja um desfecho harmônico entre os envolvidos é necessário ter cuidados ao tratar as partes de forma igualitária, propiciando os mesmos critérios de participação e as mesmas oportunidades durante a mediação.
>
> III - Oralidade.
>
> Trata da importância da comunicação entre todos os envolvidos. O sucesso do diálogo entre as partes e o mediador, garante o bom andamento da mediação.

IV - Informalidade.

Garante a ausência de procedimentos e regras fixas, devendo seguir as normas estabelecidas na mediação, obviamente respeitando a lei vigente.

V - Autonomia da vontade das partes.

Trata do procedimento consensual, isto é, o direito das partes decidirem sobre os seus destinos, manifestando suas escolhas, respeitando o ordenamento jurídico.

VI - Busca do consenso.

Busca do diálogo construtivo evitando a competitividade entre as partes, favorecendo-as e objetivando ganhos mútuos.

VII - Confidencialidade.

Por esse princípio se estabelece que as informações constantes nas comunicações realizadas na autocomposição não poderão ser comentadas fora da mediação, nem poderão ser apresentadas como provas no eventual julgamento do caso, nem em outros processos judiciais, se houver.

Nesse sentido, o mediador não pode servir como testemunha acerca de fato relacionado com seu ofício. Lembrando que a eficiência do mediador está relacionada à confiança que as partes depositam nele e à segurança de que nada poderá ser utilizado como prova em um processo judicial.

VII - Boa Fé.

As partes devem agir com lealdade, honestidade, sinceridade, justiça, comunicação e cooperação, estendendo-se também aos mediadores, a fim de que os procedimentos aplicados sejam produtivos e justos.

Dos Mediadores

A mediação, como método alternativo de resolução de conflitos, envolve a atuação de mediadores em diferentes contextos. Este artigo examina os mediadores comuns, extrajudiciais e judiciais, analisando as nuances de suas funções e responsabilidades. O objetivo é proporcionar uma compreensão abrangente de como esses profissionais contribuem para a promoção da justiça e da harmonia social. A Lei da Mediação divide em 3 (três) as espécies de Mediadores, sendo: Comuns, Extrajudiciais e Judiciais. Vejamos sobre eles:

I - Mediadores Comuns

No contexto brasileiro, os mediadores comuns desempenham um papel crucial na resolução de disputas interpessoais. Autores como Silva (2018) destacam a importância da abordagem desses mediadores em contextos familiares e comunitários, enfatizando a necessidade de estratégias culturalmente sensíveis.

II - Mediadores Extrajudiciais

A mediação extrajudicial no Brasil é explorada em estudos como o de Santos (2019), que ressalta a relevância dessa abordagem em cenários empresariais e comunitários. Questões como a legislação brasileira de mediação extrajudicial e suas implicações são discutidas, oferecendo uma visão contextualizada.

III – Mediadores Judiciais

Autores como Souza (2020) investigam a atuação dos mediadores judiciais no sistema jurídico brasileiro, destacando a integração da mediação como um instrumento complementar ao Poder Judiciário. Estudos de casos nacionais são utilizados para ilustrar o impacto positivo da mediação judicial na redução da litigância.

Regras e Procedimentos da Mediação.

A mediação, como método alternativo de resolução de conflitos, opera sob um conjunto específico de regras e procedimentos delineados pela Lei de Mediação (Lei nº 13.140/2015). Essas diretrizes visam não apenas assegurar a eficiência do processo, mas também garantir a transparência, a imparcialidade e a autonomia das partes envolvidas, com base em José Carlos Barbosa Moreira, 2016; Rodrigo Mazzei, 2016; e Ana Luiza Maia Bezerra, 2017. Vejamos nos subtópicos seguintes:

I - Fase Inicial: Convocação e Escolha do Mediador.

O processo de mediação inicia-se com a convocação das partes, que podem ser instigadas judicialmente, por vontade própria ou por recomendação de terceiros. Um aspecto crucial desta fase é a liberdade conferida às partes na escolha do mediador. A imparcialidade e a capacidade técnica do mediador são essenciais para criar um ambiente propício à comunicação aberta e à busca por soluções consensuais.

II - Primeira Sessão: Estabelecimento das Regras e Acordo de Mediação.

Na primeira sessão, o mediador desempenha um papel fundamental ao estabelecer as regras básicas do processo. Estas incluem a garantia da confidencialidade das informações compartilhadas durante as sessões, a explanação dos princípios da imparcialidade e da autonomia das partes, além da definição do papel do mediador como facilitador do diálogo.

Durante essa fase inicial, as partes têm a oportunidade de formalizar um acordo de mediação, delineando as regras específicas que regerão o processo. Este documento pode abordar questões como a escolha do local das sessões, a frequência dos encontros e outros detalhes logísticos relevantes.

III - Desenvolvimento das Sessões: Diálogo e Identificação de Interesses.

No decorrer das sessões de mediação, o mediador guia as partes através de um diálogo estruturado, visando identificar interesses subjacentes, facilitar a comunicação e fomentar a geração de opções para a resolução do conflito. É crucial que o mediador mantenha a neutralidade e evite intervir de maneira substancial no mérito da disputa, focando-se na promoção de soluções consensuais.

IV - Acordo de Mediação e Homologação.

Ao alcançar um consenso, as partes formalizam o acordo de mediação, documento que reflete os termos mutuamente acordados para a resolução do conflito. Em seguida, o acordo é submetido à homologação judicial, conferindo-lhe força executiva e eficácia jurídica. Esse processo destaca a sinergia entre a mediação e o sistema judicial, combinando a autonomia das partes com o respaldo da ordem jurídica.

V - Finalização e Acompanhamento Pós-Acordo.

O mediador encerra formalmente o processo de mediação após a homologação do acordo. No entanto, muitas vezes, é estabelecido um mecanismo de acompanhamento pós-acordo para assegurar a implementação efetiva das disposições acordadas. Essa etapa contribui para a sustentabilidade das soluções alcançadas e reforça a confiança no método mediador.

A Autocomposição de Conflitos em que for Parte Pessoa Jurídica de Direito Público.

A autocomposição de conflitos, apesar de suas raízes na esfera privada, torna-se cada vez mais relevante no contexto das pessoas jurídicas de direito público. Este artigo busca explorar, com base em fontes nacionais, os desafios e perspectivas associados à autocomposição nesse contexto específico.

A literatura nacional destaca diversos desafios específicos enfrentados na autocomposição envolvendo entidades públicas. Autores como Oliveira (2021) exploram a questão da resistência cultural e burocrática, enquanto Santos (2018) aborda a necessidade de estratégias adaptadas ao contexto governamental.

As perspectivas futuras da autocomposição no contexto público e as possíveis mudanças legislativas que poderiam fortalecer essa prática. Autores como Silva (2017) discutem propostas de legislação específica e aprimoramento dos métodos autocompositivos no âmbito público.

Com isto, ressalta-se a necessidade de aprimoramento contínuo, conscientização e desenvolvimento de práticas adaptadas ao contexto público para fortalecer a eficácia da autocomposição nesse cenário.

A MEDIAÇÃO À LUZ DO CÓDIGO DE PROCESSO CIVIL

O Código de Processo Civil (CPC) de 2015 representou um marco significativo no ordenamento jurídico brasileiro ao trazer importantes inovações e reconhecer formalmente a mediação como um instrumento valioso para a resolução de conflitos. Neste subtópico, exploraremos minuciosamente a abordagem do CPC em relação à mediação, destacando como o código influencia e molda a prática mediadora no contexto brasileiro.

Com isto, os manuais de Otávio Luíz Rodrigues da Silva, 2018; Dário Nogueira, 2016 e de Maria Rita Gonçalves, 2019, são as obras que mais se apoiam em abordar sobre a relevância e conexão entre a Lei de Mediações e o Código de Processo Civil da forma em que tratam sobre o reconhecimento da mediação entre as normas; a suspensão do processo para a realização da mediação; mediação como exceção à obrigação de conciliação prévia; homologação de acordo da mediação; e a colaboração entre o mediador e o Poder Judiciário. Como serão vistos subtópicos específicos à frente.

No entanto, fica clarividente as conexões e a relação, relevante apontar, como necessária, entre fator normativo e prático da Lei de Mediação e o Código de Processo Civil, que são normativamente originários do ano de 2015 e que possui a previsibilidade da aplicação, perante a regulação aplicada, para longínquos anos, mudando uma grande conjuntura processual no ordenamento jurídico brasileiro.

Reconhecimento e Estímulo à Mediação

O CPC, em seu Artigo 3º, reconhece expressamente a busca pela efetividade do processo como um de seus princípios fundamentais. Nesse contexto, a mediação é apresentada como um meio de solução consensual de litígios, sendo destacada a necessidade de cooperação entre as partes e o incentivo à autocomposição. Essa perspectiva consagra a mediação como uma alternativa legítima e eficaz para a resolução de disputas.

Suspensão do Processo para Realização da Mediação

O Artigo 139, inciso II, do CPC confere ao magistrado a prerrogativa de suspender o processo judicial por até seis meses para viabilizar a realização de uma tentativa de conciliação ou mediação. Essa disposição reflete a confiança do legislador na capacidade da mediação de promover acordos extrajudiciais, aliviando a carga do sistema judiciário e proporcionando às partes a oportunidade de participarem ativamente na construção de suas soluções.

Mediação como Exceção à Obrigação de Conciliação Prévia

O CPC, ao estabelecer a obrigatoriedade de realização de audiência de conciliação como etapa inicial do processo, prevê, no Artigo 334, § 4º, que essa regra não se aplica à mediação, que é tratada como uma alternativa autônoma. Essa distinção reconhece a singularidade da mediação como processo voluntário, preservando a autonomia das partes para escolherem a melhor abordagem para a resolução de seu conflito.

Homologação do Acordo de Mediação

A integração entre mediação e sistema judicial é consolidada no Artigo 167 do CPC, que estabelece a necessidade de homologação judicial para conferir eficácia legal aos acordos alcançados por meio da mediação. Esse procedimento destaca a relevância e a validade conferida ao processo mediador, garantindo que as soluções consensuais sejam respaldadas pela ordem jurídica.

Colaboração entre Mediador e Poder Judiciário

O CPC estabelece uma relação de colaboração entre os mediadores e o Poder Judiciário, ressaltando o papel complementar da mediação na administração da justiça. O Artigo 167, § 2º, por exemplo, destaca que o mediador está sujeito à disciplina judicial e à ética profissional, consolidando uma parceria que visa a eficiência e a eficácia na resolução de disputas.

Mediação Como Ferramenta de Desafogamento do Judiciário

Uma das principais motivações para a incorporação da mediação no ordenamento jurídico brasileiro foi a busca por uma solução para a morosidade do sistema judicial. Ao reconhecer a mediação como mecanismo efetivo e célere, o legislador objetivou descongestionar os tribunais, possibilitando que questões passíveis de resolução consensual fossem tratadas fora do ambiente litigioso.

A morosidade processual não é algo exclusivo nos processos no Brasil. A morosidade no Judiciário é algo que afeta todo o globo. Com isto, ainda na década de 70, Sander, nos Estados Unidos, escreveu sobre a morosidade judicial sobre a mediação como medida alternativa para a resolução dos conflitos. Sendo isto, relevante ao ponto que necessitou com que a mediação se tornasse regular e usual no Brasil.

A sobrecarga dos tribunais e a lentidão nos processos judiciais são desafios enfrentados pelo sistema jurídico brasileiro. Essa morosidade não apenas prejudica a entrega da justiça, mas também gera custos substanciais, impactando a confiança dos cidadãos no sistema legal.

Ao reconhecer a mediação como uma alternativa consensual, o legislador busca desviar casos que possam ser solucionados por acordo para fora do contencioso judicial. A Lei da Mediação (Lei nº 13.140/2015) e o Código de

Processo Civil (CPC) de 2015 oferecem suporte normativo para a aplicação da mediação, incentivando as partes a buscar soluções consensuais antes (e durante) de ingressarem no sistema judiciário.

Do mesmo, Menkel-Meadow (2001) aponta sobre a necessidade de desafogar o Judiciário e atender o objetivo de ter uma grande observância sobre a resolução de conflitos de forma que possa haver uma redução de custos e de cargas processuais.

Assim, a mediação destaca-se como uma ferramenta eficiente para desafogar o judiciário ao permitir que as partes resolvam suas disputas de maneira mais rápida, flexível e adaptada às suas necessidades específicas. A possibilidade de alcançar soluções personalizadas e a redução dos prazos processuais contribuem para uma justiça mais eficiente.

O desafogamento do judiciário por meio da mediação não apenas acelera a resolução de conflitos, mas também resulta em uma significativa redução de custos. A diminuição da carga processual nos tribunais possibilita uma alocação mais eficaz de recursos, melhorando a qualidade do serviço prestado pelo sistema judiciário.

Assim, o legislador brasileiro, ao incentivar a mediação, busca alinhar o sistema jurídico com práticas consagradas internacionalmente. A legislação oferece suporte tanto para a mediação voluntária quanto para aquela previamente vinculada a processos judiciais, consolidando-a como uma ferramenta versátil e eficaz.

DESAFIOS E PERSPECTIVAS

Apesar dos avanços proporcionados pela Lei da Mediação e pelo Código de Processo Civil, ainda existem desafios a serem superados. A disseminação da cultura da mediação, a capacitação contínua de profissionais e a conscientização da sociedade são aspectos cruciais para consolidar a mediação como uma alternativa viável e amplamente aceita.

Desafios

Alexandre Sannazzaro, em sua obra "A mediação e os desafios para sua efetivação no Brasil", de 2018, apontam três pontos (desafios) importantes que devem ser observados, sendo eles: a cultura da mediação; a capacitação profissional; e a consonantização da sociedade. Vejamos mais nos seguintes itens:

I - Cultura da Mediação.

Ainda persiste uma resistência cultural em relação à mediação como método eficaz de resolução de conflitos. Muitos indivíduos e instituições estão mais habituados aos processos judiciais tradicionais, o que dificulta a adoção generalizada da mediação. Estratégias de educação e conscientização são necessárias para superar essa barreira cultural.

II - Capacitação Profissional.

A formação e a capacitação contínua de mediadores são desafios significativos. A mediação exige habilidades específicas, incluindo a capacidade de facilitar o diálogo, promover a compreensão e buscar soluções consensuais. Investir na formação de profissionais é essencial para garantir a qualidade e a eficácia dos processos mediadores.

III - Conscientização da Sociedade.

A falta de conhecimento sobre os benefícios da mediação ainda persiste em diversos setores da sociedade. É necessário promover campanhas educativas e informativas para conscientizar as pessoas sobre as vantagens da mediação, destacando sua agilidade, confidencialidade e capacidade de preservar os relacionamentos.

Perspectivas

À cerca das perspetivas da aplicação da Mediação no Brasil, no ano seguinte após o marco da mediação no Brasil, Carlos Alberto Carmona na obra "Arbitragem e Mediação: Comentários à Lei 13.140/2015", em 2016, já previu observâncias necessárias sobre a aplicação da mediação que são atuais e tendem a cada vez mais se alinha e estreitar, como temas que tratam sobre: integração com o código de processo civil; expansão de programas de consonantização; e inovações tecnológicas na mediação. Vejamos mais nos seguintes itens:

I - Integração com o Código de Processo Civil.

A convergência entre a Lei da Mediação e o Código de Processo Civil estabelece um cenário propício para a consolidação da mediação como prática efetiva. A complementaridade entre essas legislações fortalece a estrutura legal para a mediação, destacando seu papel no contexto jurídico brasileiro.

II - Expansão de Programas de Conscientização.

A criação e expansão de programas de conscientização sobre a mediação são vitais para superar a resistência cultural. Iniciativas educativas em escolas, empresas e comunidades podem contribuir para uma compreensão mais ampla da mediação e seus benefícios, fomentando uma cultura mais favorável a métodos consensuais.

III - Inovações Tecnológicas na Mediação.

O uso de tecnologias na mediação, como plataformas online, pode ampliar o alcance desse método, tornando-o mais acessível e eficiente. A incorporação de inovações tecnológicas pode reduzir barreiras geográficas e facilitar a participação de pessoas em processos mediadores.

CONSIDERAÇÕES FINAIS

Ao percorrer a complexa trama do sistema jurídico brasileiro e explorar a mediação como uma técnica inovadora na gestão de conflitos, este capítulo buscou desvendar os fundamentos, implicações e desafios do marco legal da mediação, com foco na Lei da Mediação (Lei nº 13.140/2015) e sua interação significativa com o Código de Processo Civil (CPC) de 2015. A jornada empreendida visou não apenas compreender a legislação em sua essência, mas também discernir como ela molda e transforma a prática jurídica contemporânea, promovendo eficiência, acesso à justiça e uma cultura de resolução consensual de conflitos.

A análise aprofundada da Lei da Mediação revelou a consolidação de princípios fundamentais que orientam esse método de resolução de disputas. A imparcialidade do mediador, a isonomia entre as partes, a oralidade, a informalidade, a autonomia da vontade, a busca do consenso, a confidencialidade e a boa-fé emergem como pilares essenciais. Destaca-se especialmente o papel crucial do "Princípio da Confidencialidade", preservando a integridade do processo mediador e reforçando a confiança depositada nas mãos do mediador.

A interação entre a Lei da Mediação e o Código de Processo Civil revelou-se como um ponto de convergência notável. O CPC, ao reconhecer a busca pela efetividade do processo como um princípio fundamental, destaca expressamente a mediação como um meio legítimo de solução consensual de litígios. O legislador, ciente da sobrecarga do sistema judicial, confere ao mediador uma posição estratégica na promoção da colaboração entre as partes e na busca por acordos extrajudiciais.

Apesar dos avanços significativos proporcionados pela Lei da Mediação e pelo CPC, desafios subsistem no caminho da plena consolidação desse método no cenário jurídico brasileiro. A resistência cultural, a necessidade de capacitação contínua dos profissionais e a conscientização da sociedade são obstáculos a serem superados. No entanto, perspectivas otimistas emergem na integração com o Código de Processo Civil, na expansão de programas de conscientização e na incorporação de inovações tecnológicas na mediação.

A inclusão da mediação no ordenamento jurídico brasileiro, impulsionada pela Lei da Mediação e respaldada pelo CPC, evidencia-se como uma estratégia eficaz para enfrentar a morosidade e a sobrecarga do sistema judicial. Ao oferecer uma alternativa ágil e flexível, a mediação não apenas acelera a resolução de conflitos, mas também reduz substancialmente os custos, promovendo uma distribuição mais eficiente dos recursos judiciários.

Em conclusão, a mediação, ancorada na legislação vigente, surge como um agente transformador na cultura jurídica brasileira. A busca pelo consenso, a valorização da autonomia das partes e a efetividade do processo destacam a mediação como uma ferramenta indispensável na construção de uma sociedade mais justa e equitativa. O desafio, agora, reside na superação das resistências e na promoção de uma cultura sólida de mediação, consolidando-a como um pilar central na busca pela justiça consensual e eficaz no Brasil.

REFERÊNCIAS BIBLIOGRÁFICAS

AMBRA. Content Team Direito Profissional. (2019). Os princípios da mediação de conflitos. Direito Profissional. American College of Brazilian Studies (AMBRA University). Disponível em https://www.direitoprofissional.com/principios-da-mediacao/

Bezerra, A. L. M. (2017). Mediação: Teoria e prática (1ª ed.). Editora Juspodivm.

Brantes, D., & Severo, L. (2021). O que é mediação?. Direito Profissional. American College of Brazilian Studies (AMBRA University). Disponível em https://www.direitoprofissional.com/o-que-e-mediacao/

Brasil. (2015). Lei n° 13.140, de 26 de junho de 2015 (Marco Legal da Mediação no Brasil). Brasília, DF: Planalto. Disponível em https://www.planalto.gov.br/ccivil_03/_ato2015-2018/2015/lei/l13140.htm

Brasil. (2015). Lei n° 13.105, de 16 de março de 2015 (Código de Processo Civil). Brasília, DF: Planalto. Disponível em https://www.planalto.gov.br/ccivil_03/_ato2015-2018/2015/lei/l13105.htm

Carmona, C. R. (2016). Arbitragem e mediação: Comentários à Lei 13.140/2015. Editora Atlas.

Conselho Nacional de Justiça (CNJ). (n.d.). Conciliação e mediação. Disponível em https://www.cnj.jus.br/programas-e-acoes/conciliacao-e-mediacao/

Fachini, T. (2023). Lei de mediação: Princípios e aplicação prática da Lei nº 13.140/2015. Projuris. Disponível em https://www.projuris.com.br/blog/lei-de-mediacao/

Gonçalves, M. R. (2019). Mediação: A construção de um novo paradigma para a resolução de conflitos. Editora Atlas.

Leite, G. (2016). Um breve histórico sobre a mediação. Jusbrasil. Disponível em https://www.jusbrasil.com.br/artigos/um-breve-historico-sobre-a-mediacao/437359512

Mazzei, R. (2016). Mediação: Teoria e prática (1ª ed.). Editora Juruá.

Menkel-Meadow, C. (2001). The trouble with the adversary system in a postmodern, multicultural world. Dispute Resolution Magazine, 8(4).

Moreira, J. C. B. (2016). A mediação no processo civil (1ª ed.). Editora Forense.

Nogueira, D. (2016). Comentários ao Código de Processo Civil. Editora Saraiva.

Oliveira, R. S. (2021). Desafios burocráticos na autocomposição de conflitos públicos. Cadernos de Direito Público, 30(2), 215-230.

Pinheiro, B. V. A. (2020). Mediação: Histórico, conceito e princípios. Jusnavegandi (Jus). Disponível em https://jus.com.br/artigos/84476/mediacao-historico-conceito-e-principios

Pinho, H. D. B. de. (2011). A mediação no direito brasileiro: Evolução, atualidades e possibilidades o projeto do novo Código de Processo Civil. Âmbito Jurídico. Disponível em https://ambitojuridico.com.br/cadernos/direito-processual-civil/a-mediacao-no-direito-brasileiro-evolucao-atualidades-e-possibilidades-no-projeto-do-novo-codigo-de-processo-civil/

Sander, F. E. (1979). Varieties of dispute processing. In The Pound Conference: Perspectives on Justice in the Future.

Sannazzaro, A. (2018). A mediação e os desafios para sua efetivação no Brasil. Revista de Arbitragem e Mediação, 60a.

Santos, M. C. (2018). Estratégias de autocomposição no contexto governamental. Revista de Administração Pública, 52(3), 411-428.

Santos, M. R. (2019). Mediação extrajudicial no Brasil: Desafios e perspectivas. Cadernos de Estudos Jurídicos, 15(3), 321-338.

Santos, T. (2016). Etapas da mediação. Jusbrasil. Disponível em https://www.jusbrasil.com.br/artigos/etapas-da-mediacao/461507771

Silva, A. B. (2018). Mediadores comuns: Estratégias de resolução de conflitos no contexto brasileiro. Revista de Mediação, 10(2), 87-102.

Silva, J. P. (2017). Propostas de legislação para fortalecimento da autocomposição no âmbito público. Revista Brasileira de Resolução de Conflitos, 8(1), 56-72.

Silva, O. L. R. da. (2018). Mediação e conciliação no novo Código de Processo Civil. Editora Juspodivm.

Souza, J. F. (2020). A mediação judicial no sistema jurídico brasileiro: Uma análise atualizada. Revista Brasileira de Mediação, 25(1), 45-60.

MEDIAÇÃO EMPRESARIAL

Autora: Hamidy Omar Safadi Kassmas

CONSIDERAÇÕES INICIAIS ACERCA DA MEDIAÇÃO NO CONTEXTO EMPRESARIAL

Em linhas gerais, a mediação empresarial define-se como método alternativo de solução de conflitos entre pessoas jurídicas. Nessa modalidade resolutiva, encampada pelo Código de Processo Civil de 2.015, todas as técnicas empreendidas pelo mediador (terceiro imparcial, a quem é dada a tarefa de bem conduzir as tratativas), devem ter os olhos voltados a promover a pacificação social no âmbito das empresas em disputa, seja para dirimir conflitos de natureza contratual ou aqueles surgidos e inerentes ao próprio risco da atividade empresarial.

É muito importante perceber que além da capacitação do mediador e da utilização das melhores técnicas, os resultados positivos e os bons alinhamentos das questões jurídicas controvertidas também dependem muito da disposição conciliatória dos mediandos e do intuito colaborativo de todos os profissionais envolvidos nas tratativas de resolução do conflito (por exemplo: advogados, contabilistas, peritos).

Não menos importante, é acrescentar que ante a multiplicidade das relações jurídicas estabelecidas ao longo do exercício da atividade empresarial, a mediação entre pessoas jurídicas é multifacetária. Pode alcançar desde a quebra da affectio societatis (entre os sócios, que em alguns casos constituem a empresa a partir de vínculos de parentesco) até questões conflituosas de natureza corporativa (envolvendo, por ex., seus colaboradores e seu quadro de executivos) ; conflitos negociais, em que as questões controvertidas, podem residir no âmbito de contratos celebrados com fornecedores e parceiros de negócios e insurgências no campo do direito concorrencial.

Via de regra, não se desconhece que, no ordenamento jurídico pátrio, as disputas de natureza comercial acabam sendo resolvidas litigiosamente e que não raras vezes, são morosas e resultam em consequências negativas e danosas aos interesses das empresas.

É, portanto, a partir do contexto social e econômico das empresas e também da dinamicidade que permeia as suas relações jurídicas, que a mediação empresarial, seja aquela realizada preteritamente à judicialização do conflito ou aquela instalada no curso do processo judicial, revela a importância da abordagem e do estudo do tema, que cada vez mais tem exigido a pronta reflexão dos operadores do direito na busca por institucionalizar, de forma efetiva e definitiva, a cultura da paz, com o abandono do viés beligerante que ainda permanece muito presente na prática da atividade empresarial.

AS VANTAGENS DA MEDIAÇÃO EMPRESARIAL E SUA EFICÁCIA NOS CONFLITOS CORPORATIVOS

Dentre as vantagens que cercam o processo mediativo entre empresas, apontam-se, a celeridade; a confidencialidade; a facilitação do diálogo; a preservação de vínculos; a economia (na perspectiva do custo-benefício) e a efetiva possibilidade de se alcançar a solução justa do conflito a partir da escolha e decisão das próprias partes envolvidas (decisão informada). A redução da litigiosidade, também é um aspectos tido como vantajoso na mediação, posto que dentre suas peculiaridades, a possibilidade de gerenciamento do conflito pelos próprios envolvidos e a adoção de soluções de qualidade e eficácia, com alto grau de exequibilidade estão dentre os pontos de destaque no mundo corporativo.

Nessa perspectiva, é notável que a mediação, como alternativa de resolução de conflitos, tem se mostrado uma via bastante promissora e primorosa (Couto, 2013). Conflitos contratuais, disputas societárias, divergências entre fornecedores e clientes, entre outras questões comuns no mundo dos negócios, podem ser resolvidas de maneira mais rápida e menos onerosa através da mediação, que, acena, a cada dia mais, para um cenário de alta positividade, sobretudo no que diz respeito à preservação das relações comerciais.

A mediação, no mundo dos negócios, é, reconhecidamente, um método prospectivo de resolução de conflitos. De acordo com Petsche (2013, p. 253), citado por Hans esta modalidade autocompositiva "preocupa-se diretamente com a continuação dos negócios entre as partes, que no final da disputa raramente colocam fim aos seus relacionamentos comerciais." (Hans, 2019, p.21) Citando Keating Jr (p. 9-12), a mesma autora anota que "outra vantagem importante se refere ao controle sobre o resultado substantivo do processo. [...] as partes só fecham o acordo para solução da questão controversa se o resultado for mutuamente aceitável. Os disputantes não precisam renunciar ao controle do resultado para que um terceiro, que pode não entender a natureza e o contexto da disputa, diga o que deve ser executado." (Hans, 2019, p.21).

Nesse contexto, a confidencialidade, é, sem dúvidas, no âmbito empresarial, um dos grandes atrativos desta importante modalidade de resolução de conflitos, posto que cercadas desta premissa, os mediandos podem, sem quaisquer preocupações, por exemplo, fazer uso do compartilhamento de informações sensíveis com a certeza de que guardarão, durante todo o processo mediativo, o sigilo inerente à espécie. Esse aspecto, inclusive, é lembrado por Ribeiro como particularmente valioso quando a privacidade e a proteção de segredos comerciais são fundamentais para a preservação dos interesses das partes (Ribeiro, 2013, p. 22).

De outra ponta, a elevada capacidade de negociação ofertada pelo processo mediativo também é apontada como outro fator relevante para a busca da resolução do conflito, pela via alternativa/ consensual.

> Antes de cogitar a extinção do conflito como objetivo primordial, deve o mediador contribuir para que deficiências de comunicação entre os sujeitos não impeçam suas conversas. Afinal, a ideia é permitir que eles próprios possam superar o impasse, transformando o conflito em oportunidade de crescimento e viabilizando mudanças de atitude. (Tartuce, 2018, p. 233).

Nesse aspecto, registre-se ainda, que o especial contorno fica por conta da real e efetiva possibilidade de gestão dos riscos e eficácia dos resultados obtidos a partir da decisão (informada) das próprias partes envolvidas, o que, de quebra, ainda alcança, de forma célere e segura, a preservação dos melhores interesses da empresa.

> É relevante destacar que a mediação empresarial oferece um espaço para a construção de acordos personalizados, que atendam aos interesses e necessidades das partes de forma única. Ao invés de uma solução imposta por um terceiro, a mediação busca um acordo consensual que leve em consideração as particularidades do contexto empresarial, promovendo a satisfação mútua e a continuidade das relações comerciais (Bessa, 2014, p.90).

A propósito do tema, consigne-se, por oportuno, a anotação do Mediador Fabio José Zanetti de Azeredo, do Instituto de Mediação Luiz Flávio Gomes, para quem a confidencialidade e o protagonismo dos mediandos constituem princípios fundamentais que tornam a mediação uma via muito mais vantajosa e eficaz na resolução dos conflitos de natureza empresarial.

> Primeiro, a confidencialidade da mediação. Respeitando este princípio, as provas produzidas no procedimento de mediação não serão levadas a público, nem mesmo o procedimento em si o seria. É certo que ações judiciais também podem ser protegidas por meio

do sigilo, mas isso não impede que o litígio conste de certidões específicas que sejam solicitadas em relação a qualquer das partes.

Segundo, o protagonismo das partes. A participação efetiva das partes na construção da solução do conflito tende a gerar a maior garantia de seu cumprimento efetivo e maiores chances de preservação do relacionamento entre elas, haja vista que as partes foram diretamente envolvidas no processo de construção da solução e, dessa forma, sentem-se mais comprometidas com o cumprimento desta. Diversamente, quando o conflito é decidido por árbitro ou Juiz, a decisão proferida por estes é imposta à vontade das partes, gerando inegável resistência da parte prejudicada.

Os princípios acima são fundamentais à atividade de gestão empresarial e, por isso, a mediação se revela uma ferramenta adequada à solução de conflitos empresariais. A possibilidade de produção de provas no curso da mediação, de forma célere e sigilosa, a fim de formar a convicção dos gestores na construção de uma solução ao conflito, constitui uma vantagem em relação a outras formas de solução de controvérsias.(Azeredo, 2018, antepenúltimo e penúltimo parágrafo do artigo citado).

Por fim, também não é demais acrescentar que, via de regra, independentemente da atividade exercida pela sociedade empresária, o ambiente empresarial é cercado pelo inerente estado de negociações, o que, em última análise, torna ainda mais atrativa a ideia de resolução dos conflitos pela via alternativa da mediação.

A MEDIAÇÃO EMPRESARIAL NO ÂMBITO EXTRAJUDICIAL

Quando se pensa na mediação empresarial como alternativa de resolução do conflito, há que se ter em mente que esta não se resume aos conflitos judicializados. O mecanismo pode e deve ser utilizado pelas empresas no âmbito extrajudicial, inclusive, de forma a prevenir riscos, custos e sobretudo, prejuízos patrimoniais, muitas vezes, irreversíveis, até que se obtenha o bem da vida através da tutela Estatal.

> A atuação independente e eficaz do Poder Judiciário brasileiro tem sido constantemente desafiada por limitações inerentes à sua estrutura administrativa. O aumento do tempo médio de tramitação dos processos e o crescente número de demandas indicam um quadro de deficiências generalizadas que inviabilizam a promessa de prestação jurisdicional efetiva. Nesse cenário, o desenvolvimento de métodos alternativos de resolução de conflitos afigura-se basilar – senão imprescindível – para conter a litigiosidade social e desburocratizar o sistema. (Mendes, 2019, prefácio do artigo citado).

Dito de outro modo, "enquanto uma disputa judicial pode se arrastar por anos, a mediação permite que as partes cheguem a um acordo em um prazo consideravelmente mais curto. Isso é especialmente relevante no âmbito empresarial, onde a agilidade na resolução de conflitos é fundamental para evitar interrupções nas operações e minimizar prejuízos financeiros." (Ribeiro, 2013, p.45).

> "Litígios empresariais, decorrentes de conflitos entre sócios, divergências na condução empresarial ou no cumprimento de contratos costumam ter resultados desastrosos para as empresas se não

forem bem geridos. Dependendo da representatividade financeira ou estratégica do conflito e do seu tempo de duração, as perdas podem ultrapassar os valores envolvidos no litígio, especialmente por conta da insegurança e instabilidade que criam no ambiente empresarial. Uma briga entre sócios, por exemplo, pode comprometer os objetivos empresariais e, acima de tudo, seus lucros. Isso sem se falar na insegurança institucional gerada pelo tempo de espera de uma decisão definitiva, da necessidade dos provisionamentos contábeis, gastos com custas processuais, honorários de advogados e tantas outras contingências, que acabam aumentando a conta dos prejuízos acumulados pela manutenção da situação de conflito." (Botelho, 2017, sexto parágrafo do artigo citado).

Anote-se que a mediação extrajudicial ou para-processual tem previsão nos artigos 21 a 23 da Lei nº 13.140/2015, que dispõe sobre a mediação entre particulares como meio de solução de controvérsias e sobre a autocomposição de conflitos no âmbito da administração pública. Importante notar que no âmbito extrajudicial, a mediação empresarial é realizada de acordo com as particularidades de cada caso concreto. "O direito é apenas um dos mecanismos com vistas à solução dos conflitos, eis que a solução ampla pode ser dar fora da aplicação do direito. Os próprios atores do conflito podem solucioná-lo eficazmente. Assim, o que o direito resolve é apenas a oposição de pretensões jurídicas." (Lima Filho, 2003, p. 89).

Obviamente, que, nem por isso, na via extrajudicial, deixa-se de se seguir os mesmos princípios de observância obrigatória, a começar pela participação voluntária. A participação voluntária é essencial, pois demonstra o comprometimento das partes em buscar uma solução consensual (Cunha, 2011).

O próximo passo é a realização das sessões de mediação. Durante essas sessões, o mediador cria um ambiente seguro e acolhedor, permitindo

> que as partes expressem suas preocupações, interesses e necessidades. O mediador facilita a comunicação entre as partes, estimula o diálogo construtivo e auxilia na busca de soluções mutuamente satisfatórias. É importante destacar que o mediador não impõe uma decisão às partes, mas as orienta na busca de um acordo consensual. (Couto, 2013, p.78).

O resultado positivo é esperado. Nem sempre se traduz em acordo. Mas na maioria das vezes, a partir do processo mediativo, as partes/mediandas criam uma notável disposição conciliatória, o que contribui sobremaneira, no satisfatório avanço das tratativas e, quiça, no alcance da composição.

Logicamente, que alcançada a composição, a consciência e a vontade de "cumprir o combinado"; acaba por fazer toda a diferença no pronto cumprimento da avença.

Em todo caso, destaca-se, por fim, que, o termo de acordo extrajudicial firmado no âmbito extrajudicial, sobretudo aquele realizado através dos trabalhos de mediação desempenhados pelas Câmaras Privadas, constitui título executivo extrajudicial, de modo que, em caso de descumprimento, a tutela jurisdicional restará reservada, seguindo-se, em regra, com muito mais celeridade, à execução forçada das obrigações previstas na avença, o que na prática, também acena, senão para o pronto desfecho do conflito, mas para uma célere efetivação da solução preteritamente eleita pelos mediandos.

BREVES APONTAMENTOS SOBRE A MEDIAÇÃO EMPRESARIAL NA RECUPERAÇÃO JUDICIAL

A Recuperação judicial é regulamentada pela Lei nº 11.101/2.005. De acordo com o artigo 47 da indigitada Lei de Recuperação judicial, extrajudicial e de falência do empresário e da sociedade empresária "a recuperação judicial e extrajudicial objetiva viabilizar a superação de uma crise econômico financeira do devedor, de forma a permitir a manutenção da fonte produtora, do emprego dos seus colaboradores e dos interesses dos credores, promovendo, assim, a preservação da empresa, sua função social e o estímulo à atividade econômica."

A propósito da possibilidade de mediar os conflitos no bojo da recuperação judicial de empresas, destaca-se, que, recentemente, a Lei nº 14.112 de 2.020, que entrou em vigor no dia 23 de janeiro de 2021, incluiu, na lei 11.101/2005, a Seção II-A, que dispõe expressamente sobre as "Conciliações e Mediações Antecedentes ou Incidentais aos Processos de Recuperação Judicial".

> A mediação e a conciliação ganharam espaço nos mais variados procedimentos, especialmente com a edição da Lei 13.140/2015 (Lei da Mediação) e do Código de Processo Civil. No âmbito da recuperação judicial, e mesmo sem regramento expresso, algumas experiências foram testadas e se mostraram bem-sucedidas. A nova Seção IIA veio incluir expressamente a possibilidade de mediação nos processos de recuperação judicial. (Barros Neto, 2021, p.41)

A título de registro, vale a pena mencionar que a Resolução nº 58 de 22 de outubro de 2019 do Conselho Nacional de Justiça já recomendava aos magistrados responsáveis pelo processamento e julgamento dos processos de recuperação empresarial e falências, de varas especializadas ou não, que promovessem, sempre que possível, o uso da mediação, com o intuito de auxiliar a negociação entre a empresa em recuperação ou falida, e seus credores ou quaisquer outros interessados.

> As novidades nas funções comuns são estimular a conciliação, a mediação e outros métodos alternativos de solução de conflitos, manter website com informações relevantes e atualizadas do processo, disponibilizar e-mail e modelos para o recebimento de habilitações

e divergências, e responder ofícios e solicitações de outros juízos e órgãos públicos em até 15 dias. (Barros Neto, 2021, p.49)

A matéria restou expressamente disciplinada pelos artigos 20-A e seguintes da mencionada Lei nº 14.112 de 2.020, que, em resumo, além da previsão expressa sobre o regramento e o rol exemplificativo das hipóteses aplicáveis à mediação na recuperação judicial, também explicitou o cabimento do método resolutivo de conflito nas fases pré-processual, dita mediação antecedente (negociação entre o devedor e seus credores antes do pedido de recuperação judicial), e processual ou incidental (disputas entre sócios e acionistas; litígios entre credores não sujeitos à recuperação, credores extraconcursais, entre outras hipóteses).

De outro vértice, cumpre acrescentar os limites previstos para as mediações realizadas no âmbito da Recuperação Judicial. De acordo com o parágrafo segundo do artigo 20-B, é vedado dispor sobre a natureza jurídica e a classificação de créditos, bem como sobre critérios de votação em assembleia-geral de credores. Tanto a natureza jurídica como a classificação dos créditos e sua posição no quadro geral de credores, recebem regramento específico pela Lei que não permite alteração pelo processo mediativo, que, em contrapartida, tem seu protagonismo no estabelecimento do diálogo entre as partes, inclusive no que diz respeito, ao próprio trabalho de aprovação do plano de recuperação, tudo isso, é claro, com a observância da ressalva legal quanto à obrigatoriedade de homologação dos acordos obtidos nesse contexto.

A MEDIAÇÃO EMPRESARIAL SOB O PRISMA DA LEI DO SUPERENDIVIDAMENTO

A relação fornecedor consumidor permeia o exercício da atividade empresarial, e, por conseguinte, acaba por exigir, não raras vezes, a adoção, pelas empresas, de políticas de tratamento voltadas tanto a fidelizar a clientela, quanto a promover a resolução dos mais diversos conflitos de ordem consumeiristas.

Dentre os problemas mais comuns enfrentados pelas sociedades empresárias, enquanto fornecedoras de produtos ou serviços, o alto índice de inadimplemento dos seus consumidores têm despertado grande preocupação. Não por outra razão que, em 2.021, o Conselho Nacional de Justiça, através da Recomendação nº 125, recomendou aos Tribunais pátrios que promovessem a implementação de Núcleos de Conciliação e Mediação de Conflitos oriundos de superendividamento.

Não tardou muito, até que em 1º de Julho do mesmo ano, entrou em vigou a Lei nº 14.181/2021, que alterou o Código de defesa do Consumidor dispondo sobre o aperfeiçoamento da a disciplina do crédito ao consumidor e sobre a prevenção e o tratamento do superendividamento. Entende-se, por superendividamento "a impossibilidade manifesta de o consumidor pessoa natural, de boa-fé, pagar a totalidade de suas dívidas de consumo, exigíveis e vincendas, sem comprometer seu mínimo existencial, nos termos da regulamentação." §1º do artigo 54-A da Lei nº 8078/1990, com redação dada pela lei nº 14181/2021)

As diretrizes sobre a aplicação dos métodos alternativos ou consensuais de resolução de conflitos ficaram por conta da Cartilha lançada, em agosto de 2022, pelo Conselho Nacional de Justiça, que lembrando a fala do Presidente da Corte, o Ministro Luiz Fux, consignou que "durante a pandemia da covid-19, os períodos de lockdown contribuíram para que muitas pessoas perdessem seus empregos e, portanto, a capacidade de pagar suas dívidas." (CNJ, 2022). Na oportunidade, o Ministro enfatizou que: "houve, efetivamente, o fenômeno do superendividamento no momento pandêmico, que é absolutamente aceitável, não poderia ser diferente." (Fux,2022)

A cartilha trouxe um importante passo a passo a ser observado pelos núcleos de conciliação e mediação no tratamento ao consumidor alcançado pelas benesses da Lei do superendividamento. A cartilha fala inclusive, sobre o denominado "plano de pagamento consensual das dívidas", a ser elaborado, no âmbito dos núcleos de conciliação e mediação com a participação do consumidor e dos seus credores, a quem, inclusive, cumpre anotar, a Lei deflagra sanções em caso de ausência injustificada ao ato conciliatório.

As sanções revelam aspectos próprios e restritos ao âmbito das sessões conciliatórias realizadas à luz da Lei nº 14.181/2021 que incluiu os artigos 104-A, 104-B e 104-C ao Código de Defesa do Consumidor. O credor que, injustificadamente não comparecer ao ato conciliatório, enfrentará a suspensão da exigibilidade do débito e a interrupção dos encargos da mora, além da sujeição compulsória ao plano de pagamento da dívida se o montante devido for certo e conhecido pelo consumidor, consignando-se ainda que, a satisfação do seu débito, pelo consumidor ocorrerá somente após o pagamento aos credores presentes à audiência conciliatória.

> "O ponto alto dessa audiência é justamente a possibilidade de coleta simultânea e/ou sucessiva das propostas na mesma sessão, permitindo que o consumidor superendividado possa escolher, se for o caso, a ordem dos pagamentos, conforme critérios pessoais de capacidade de reembolso ou, até mesmo, da natureza da dívida. Com isso, o conciliador exercerá o papel determinante na renegociação das dívidas e respectivo resgate da saúde financeira do superendividado, na medida em que facilitará essa aproximação com os credores e, acima de tudo, será o veículo pacificador e redutor da frequente confusão mental que o devedor se encontra quando acometido da condição de superendividado. (Bertoncello, 2015, p. 122).

De outra banda, cumpre registrar que não são alcançadas pela dita repactuação das dívidas aqueles contratos celebrados dolosamente sem o propósito de realizar pagamento; as dívidas provenientes de contratos de crédito com garantia real; de financiamentos imobiliários e de crédito rural. Também não é demais acrescentar que somente a pessoa física que adquiriu produtos e serviços para o seu consumo é que poderá se beneficiar do procedimento de tratamento do superendividamento. Os débitos decorrentes do exercício da atividade empresarial permanecem sendo resolvidos à luz do procedimento específico de Recuperação de Empresas. (Lei 14.181/2021)

Portanto, na perspectiva da mediação, o panorama traçado pela lei do superendividamento sói a reforçar a cultura da cooperação; das boas práticas conciliatórias, com destaque à larga experiência e resultados positivos que cercam tanto os órgãos e instituições de defesa do consumidor (PROCON) quanto, no âmbito do Poder Judiciário, exteriorizado pela implantação e trabalho dos mais diversos CEJUSC's espalhados pelo nosso País, a exemplo do TJRS, TJPR, TJBA, TJPE, TJSP, TJDFT. (MARQUES, 2016).

CONSIDERAÇÕES FINAIS

A partir destas breves linhas reflexivas, compreende-se que, conquanto a mediação empresarial ainda revele um passo tímido no alcance da denominada cultura da paz, apresenta, indubitavelmente, um cenário próspero e otimista. As perspectivas são promissoras, tanto do ponto de vista da sua inserção no contencioso, quanto na sua utilização no âmbito extrajudicial.

As vantagens que acenam para a eficácia desse mecanismo alternativo no âmbito do direito de empresa, encontram eco em diversos fatores. Identificam-se, objetivamente e com maior relevo, na possibilidade de gestão dos riscos e na preservação das relações comerciais, incluídas aí, as relações de consumo, o que acaba por conferir maior estímulo à política da autocomposição. Tudo isso aliado, ainda, aos incentivos conferidos pelo legislador e pelos tribunais pátrios, que apontam para a celeridade e eficiência nas negociações submetidas ao processo mediativo voltado a atividade empresarial, inclusive com traçados que abrangem até mesmo o consumidor final, para aquelas empresas ditas fornecedoras de produtos e/ou serviços.

Em suma, a mediação empresarial constitui ferramenta indispensável e capaz de alcançar resultados satisfatórios para todas as partes envolvidas. O processo mediativo, se bem conduzido, na linha da boa receptividade pelos mediandos, ainda carrega o grande diferencial de fomentar a continuidade das atividades comerciais e o desenvolvimento sustentável das sociedades empresárias, características que, por certo, passam longe do desfecho judicial do conflito.

REFERÊNCIAS BIBLIOGRÁFICAS

Azeredo, F. J. Z. de. (2.018). A mediação na solução de conflitos empresariais. Disponível em: https://mediacaolfg.com.br/2018/12/a-mediacao-na-solucao-de-conflitos-empresariais/. Acesso em 06 de Janeiro de 2.024.

Barros Neto, G. F. de. (2.021). Reforma da Lei de Recuperação Judicial e Falência - Comentada e Comparada. Grupo GEN.

Bertoncello, K. R. D. (2.015). Superendividamento do Consumidor: mínimo existencial- casos concretos. São Paulo: Editora RT.

Bessa, L. A. (2.014). Mediação empresarial: Uma abordagem multidisciplinar. São Paulo: Método.

Botelho, I. N. Q. (2.017) Mediação Empresarial é um novo caminho para solucionar conflitos e evitar litígios judiciais. Disponível em: https://arnsdeoliveira.adv.br/mediacao-empresarial-e-um-novo-caminho-para-solucionar-conflitos-e-evitar-litigios-judiciais/. Acesso em 02 de dezembro de 2023.

Brasil, Lei nº 13.105, de 16 de março de 2015. (2.015). Institui o Código de Processo Civil. Diário Oficial da União, Brasília, DF, 17 de março 2015. Disponível em: https://www.planalto.gov.br/ccivil_03/_ato2015-2018/2015/lei/l13105.htm. Acesso em: 09 de dezembro de 2.023.

Brasil, Resolução 58 do Conselho Nacional de Justiça. (2.019). Disponível em: <https://atos.cnj.jus.br/atos/detalhar/3070>. Acesso em 06 de janeiro de 2.024.

Brasil. Resolução 125 do Conselho Nacional de Justiça. (2.010). Disponível em <https://www.cnj.jus.br/wp-content/uploads/2022/08/cartilha-superendividamento.pdf. acesso em 01 de fevereiro de 2.024.

Brasil. Lei 14.112 de 2020. (2.020). Disponível em: https://www.planalto.gov.br/ccivil_03/_ato2004-2006/2005/lei/l11101.htm. Acesso em 06 de Janeiro de 2.024.

Brasil. Lei 14.181 de 2.021. (2.021). Altera a Lei nº 8.078, de 11 de setembro de 1990 (Código de Defesa do Consumidor), e a Lei nº 10.741, de 1º de outubro de 2003 (Estatuto do Idoso), para aperfeiçoar a disciplina do crédito ao consumidor e dispor sobre a prevenção e o tratamento do superendividamento. disponível em: https://www.planalto.gov.br/ccivil_03/_ato2019-2022/2021/lei/L14181.htm.Acesso em 03 de fevereiro de 2.024.

Brasil. Lei n 13.140/2015. (2.015). Dispõe sobre a mediação entre particulares como meio de solução de controvérsias e sobre a autocomposição de conflitos no âmbito da administração pública. Disponível em: <http://www.planalto.gov.br/ccivil_03/_ato2015-2018/2015/lei/L13140.htm>. Acesso em 09 de Janeiro de 2.024.

Couto, J. A. (2.013). Mediação empresarial: o caminho da autocomposição de conflitos. São Paulo: Editora Fórum.

Cunha, C. R. (2.011). Mediação e arbitragem nos contratos empresariais. São Paulo: Saraiva.

Fux, L. (2.022) Cartilha explica como aplicar conciliação em casos de superendividamento. Disponível em https://www.cnj.jus.br/cartilha-explica-como-aplicar-conciliacao-em-casos-de-superendividamento. Acesso em 03 de Fevereiro de 2.024.

Hans, K. M. (2.019). A mediação de conflitos no contexto empresarial: o que pensam os advogados e qual é o seu papel na difusão desse mecanismo. Porto Alegre.

Keating Jr. Michael, J. (1.995). Getting Reluctant Parties to Mediate - A Guide for Advocates, CPK Institute For Dispute Resolution.

Lima Filho, F. C. (2.003). Acesso à Justiça e os Mecanismos extrajudiciais de solução de conflitos. Porto Alegre: Sergio Antonio Fabris Editor.

Marques, C. L. (2.016). Conciliação em matéria de superendividamento dos consumidores. Principais resultados de um estudo empírico de 5 anos em Porto Alegre. In: Marques, Claudia Lima; Cavallazzi, Rosângela Lunardelli; Lima, Clarissa Costa de (Org.) Direitos do Consumidor endividado II: vulnerabilidade e inclusão. São Paulo: Editora RT.

Mendes, G. F. (2.017). Prefácio. Caderno FGV Projetos, Rio de Janeiro, v. 12, n. 30, abr./maio 2017. Disponível em: https://fgvprojetos.fgv.br/sites/fgvprojetos.fgv.br/files/cadernosfgvprojetos_30_solucaodeconflitos_0.pdf. Acesso em 09 de Janeiro de 2.024.

Petsche, M. (2.013). Mediation as the Preferred Method to Solve International Business Disputes: A Look into the Future. International Business Law Journal.

Ribeiro, F. S. (2.013). Mediação de conflitos empresariais: O papel do mediador e a construção do acordo. São Paulo: Método.

Tartuce, F. (2.018). Mediação nos conflitos civis. 4. ed., rev. atual. e ampl., Rio de Janeiro: Forense; São Paulo: Método.

Tavares, C. M. C. (2.012). Mediação empresarial: Teoria e prática. São Paulo: Atlas.

Venosa, S. S. Rodrigues, C. (2.020). Direito empresarial. 10. ed. São Paulo: Atlas.

MEDIAÇÃO TRABALHISTA

Autora: Ana Carolina Almeida de Castro

CONSIDERAÇÕES INICIAIS

No sistema jurídico contemporâneo, a mediação emerge como uma ferramenta valiosa para a resolução de conflitos. Para tanto, torna-se necessário aprofundar a compreensão sobre a mediação, destacando sua aplicação no contexto trabalhista e o sistema multiportas como uma abordagem integrativa e eficiente para a solução de disputas.

No cenário dinâmico do século XXI, as demandas por justiça eficaz e acessível ganham destaque. A mediação, enquanto método consensual de resolução de conflitos, surge como uma resposta à crescente necessidade de alternativas aos tradicionais litígios judiciais. Atraindo o tema para as relações laborais contemporâneas, a alternativa ao litígio transcende meros conflitos pontuais e trazem a importância de uma solução mais flexível, ágil e humanizada na diante de disputas.

Torna-se essencial explorar a grande importância da mediação trabalhista diante desses desafios, analisando como essa prática pode não apenas transformar a dinâmica das relações de trabalho, mas também contribuir para a eficiência do sistema judiciário e a busca por soluções mais justas e equitativas.

O entendimento de que a litigiosidade prolongada, característica de muitas disputas trabalhistas, não precisa ser o caminho único para a solução de conflitos, pelo contrário, a mediação busca proporcionar um ambiente adequado para o diálogo construtivo, visando não somente à solução do impasse, mas à preservação das relações profissionais e à promoção de um ambiente laboral mais saudável.

O ACESSO À JUSTIÇA E O SISTEMA MULTIPORTAS PARA A SOLUÇÃO DOS CONFLITOS TRABALHISTAS

O acesso à justiça constitui um princípio fundamental em um Estado Democrático de Direito, sendo imperativo assegurar a todos os cidadãos meios eficazes para a resolução de seus conflitos. No contexto específico dos conflitos trabalhistas, essa questão adquire ainda maior relevância, dada a centralidade das relações laborais na sociedade.

Em 1976, Frank Sander, introduziu uma concepção revolucionária no campo jurídico, denominada inicialmente de "centro abrangente de justiça" e posteriormente conhecida como "Tribunal Multiportas" (Sander; Crespo, 2012). Essa instituição propunha direcionar as questões apresentadas a ela para o método de resolução mais apropriado. A ideia central era examinar as diversas formas de resolução de conflitos e determinar, no caso específico, qual delas seria a mais adequada. Essa abordagem rompe com o monopólio da jurisdição estatal, abrindo novas possibilidades para a solução de conflitos.

A mediação é um procedimento de resolução consensual de conflitos no qual uma terceira pessoa imparcial, escolhida ou aceita pelas partes envolvidas, atua para incentivar e facilitar a resolução de divergências. As pessoas em conflito são responsáveis pela decisão que melhor atenda às suas necessidades. A mediação, assim, representa um mecanismo utilizado pelas próprias partes para resolver conflitos por meio do diálogo, buscando uma alternativa moderada, eficaz e satisfatória (Sales, 2007).

Por meio da mediação, realizar um processo de reconstrução simbólica, imaginativa e sensível com a outra parte envolvida no conflito. O objetivo é promover uma produção conjunta com o outro, visando superar as divergências e construir identidades culturais. Essa abordagem demanda, invariavelmente, a presença de um terceiro mediador que desempenhe as funções de ouvir atentamente e se envolver de maneira ativa no processo. (Warat, 2004).

A mediação desconstrói a uma concepção tradicional do direito, destacando aspectos interligados ao âmago dos conflitos de poder e das relações cotidianas, que envolvem tanto elementos jurídicos quanto políticos (Morais, 2018)

Em relação aos conflitos trabalhistas, o acesso à justiça assume uma importância ainda mais significativa, considerando a centralidade que as relações laborais ocupam na vida dos trabalhadores. Nesse contexto, torna-se imperativo compreender a relevância da mediação como instrumento crucial para a resolução eficaz e equitativa das controvérsias no universo do trabalho.

As dinâmicas complexas presentes nas relações laborais frequentemente dão origem a disputas e desentendimentos entre empregadores e empregados. Diante desse cenário, a mediação se revela como uma ferramenta essencial, oferecendo um espaço propício para o diálogo construtivo e a negociação direta entre as partes envolvidas. Essa abordagem não apenas propicia a resolução de conflitos de maneira mais expedita, mas também preserva os vínculos laborais e contribui para um ambiente de trabalho mais harmonioso.

Portanto, ao considerar a centralidade das relações laborais, percebe-se que a mediação e o acesso à justiça não são apenas conceitos abstratos, mas sim ferramentas práticas e essenciais para a construção de um ambiente laboral mais equitativo, transparente e eficiente. A integração desses elementos não apenas resolve disputas pontuais, mas contribui para a construção de um sistema jurídico trabalhista mais alinhado com as necessidades dinâmicas do mundo do trabalho contemporâneo.

A mediação, ao oferecer um ambiente flexível e colaborativo, alinha-se aos princípios defendidos por Capeletti (Capeletti, 1988), contribuindo para uma transformação positiva no acesso à justiça. Esse ambiente também é necessário no âmbito trabalhista.

Nesse cenário, o sistema multiportas para a solução de conflitos trabalhistas demonstra uma abordagem estratégica e abrangente. A implementação desse sistema visa não apenas ampliar o acesso à justiça, mas também diversificar os meios pelos quais as disputas podem ser resolvidas de maneira eficaz e justa.

A MEDIAÇÃO NO DIREITO DO TRABALHO

As relações no ambiente de trabalho, permeadas por hierarquias, dinâmicas organizacionais e aspectos emocionais, frequentemente geram situações passíveis de conflito.

Quando o Estado desempenha a função de resolver litígios ou conflitos de interesses que envolvem uma pretensão resistida, por meio da atuação de um terceiro imparcial, está efetivamente exercendo a atribuição conhecida como jurisdição e este múnus, requer a intervenção de um terceiro imparcial, responsável por reconhecer, efetivar e proteger situações jurídicas concretamente apresentadas. As decisões resultantes desse processo estão sujeitas a controle externo e têm o potencial de se tornarem indiscutíveis. (Cintra; Grinover, 2012).

No âmbito do direito do trabalho, a negociação coletiva é promovida como uma via para resolver conflitos coletivos dentro de uma determinada categoria, através de diálogos entre representantes das categorias profissionais e econômicas. O objetivo é estabelecer cláusulas que garantam direitos mínimos para todos os trabalhadores de um determinado setor (Martinez, 2014).

Dentre esses princípios, destacam-se a imperatividade das normas, a indisponibilidade dos direitos, a irrenunciabilidade dos direitos, a condição mais benéfica e a inalterabilidade contratual lesiva. Esses princípios impõem limitações objetivas nas relações entre empregados e empregadores, reconhecendo a falta de isonomia entre as partes envolvidas (Schiavi, 2017).

A desigualdade econômica e até mesmo de acesso à informação entre as partes nas relações individuais do trabalho, demonstra a desigualdade estrutural da relação de emprego. Para atenuar os efeitos desse desequilíbrio, surge o princípio da proteção, que não apenas cria vantagens jurídicas, mas também estabelece uma série de presunções favoráveis ao trabalhador, isto é, normas protetivas que visam diminuir tal desigualdade. (Freitas, 2007)

Contudo, esse sistema rígido, muitas vezes, afasta das partes, especialmente dos empregados e trabalhadores, a satisfação de suas pretensões, Desse modo, a complexidade dos litígios trabalhistas e a morosidade inerente aos processos judiciais tradicionais muitas vezes resultam em insatisfação para todas as partes, prolongando o sofrimento dos envolvidos e causando prejuízos significativos (Zaganelli, 2016), tornando a alternativa adequada para a resolução de conflitos uma imperativa necessidade.

Arcabouço Legislativo Da Mediação Trabalhista

A evolução legislativa da mediação trabalhista no Brasil reflete um movimento contínuo em direção à promoção de métodos alternativos de resolução de conflitos no âmbito das relações de trabalho. Ao longo das últimas décadas, diversas normativas foram implementadas para fortalecer a mediação como uma ferramenta eficaz na solução de disputas trabalhistas.

Sobre o tema, temos a Convenção n.º 98/1949 da Organização Internacional do Trabalho, ratificada por meio do Decreto Legislativo nº 33.196 de 1953, estabeleceu em seu artigo 4º a necessidade de adoção de meios de negociação voluntária entre as organizações laborarias e patronais[1].

---

1 Vide. OIT nº 98/52. ARTIGO 4º Deverão ser tomadas, se necessário for, medidas apropriadas às condições nacionais para fomentar e promover o pleno desenvolvimento e utilização de meios de negociação voluntária entre empregadores ou organizações de empregadores e organizações de trabalhadores, com o objetivo de regular, por meio de convenções coletivas, os termos e condições de emprego. Posteriormente, o decreto foi consolidado por meio do decreto 10.088 de 05 de novembro de 2019.

Ainda no âmbito das Convenções da OIT, a Convenção nº 154 de 1981, que também foi ratificada pelo Decreto nº 1.256 de 1994, trouxe em seu texto um reforço à Declaração da Filadélfia quanto à obrigação solene de estimulo a programas que permitam um alcance efetivo da negociação coletiva e destacou diversos conceitos e compromissos e diretrizes para incentivar a adoção de medidas compositivas entre as entidades laborais e sindicais e empregadores e trabalhadores[2].

Na legislação brasileira, a Lei 9.958/2000, alterou a CL incluiu a possibilidade de instauração de comissões de conciliação prévia nas empresas. Essas comissões tinham o propósito de mediar conflitos antes que se recorresse ao Judiciário. Contudo, foram desestimuladas por meio das ADIs 2139 e 2160 julgadas procedentes para dar interpretação conforme a Constituição Federal ao artigo 625-D da CLT, facultando a parte a submissão ou não à comissão de conciliação prévia[3].

Posteriormente, em 2010, o Conselho Nacional de Justiça adotou a política pública nacional voltada para o tratamento adequado das disputas, nos

---

2 Vide. OIT nº 154/91. Artigo 2º Para efeito da presente Convenção, a expressão "negociação coletiva" compreende todas as negociações que tenham lugar entre, de uma parte, um empregador, um grupo de empregadores ou uma organização ou várias organizações de empregadores, e, de outra parte, uma ou várias organizações de trabalhadores, com o fim de: a) fixar as condições de trabalho e emprego; ou b) regular as relações entre empregadores e trabalhadores; ou c) regular as relações entre os empregadores ou suas organizações e uma ou várias organizações de trabalhadores, ou alcançar todos estes objetivos de uma só vez. Posteriormente, o decreto foi consolidado por meio do decreto 10.088 de 05 de novembro de 2019.

3 Vide: STF - ADI: 2139 DF, Relator: Min. CÁRMEN LÚCIA, Data de Julgamento: 01/02/2010, Data de publicação: DJe-027 DIVULG 11/02/2010 PUBLIC 12/02/2010.

termos da resolução 125/2010[4], elevando os métodos autocompositivos como ferramentas essenciais para a promoção da pacificação social, principalmente dentro do sistema de justiça.

A Lei nº 13.140/2015, conhecida como Lei de Mediação, foi outro marco legislativo relevante para a evolução da mediação no Brasil. Essa lei trouxe normas gerais sobre a mediação, definindo-a como um meio de solução consensual de controvérsias e conferindo maior respaldo jurídico a esse método. Ela também estabeleceu princípios fundamentais, como a imparcialidade do mediador e a autonomia das partes na construção da solução.

O sistema do direito processual civil no Brasil foi estruturado para fomentar a autocomposição. Não é por acaso que entre as normas fundamentais do processo civil, destacam-se os parágrafos 2º e 3º do artigo 3º do Código de Processo Civil[5], refletindo claramente a incorporação da "ideia de consensualidade" no âmbito do direito público, do qual o direito processual civil é uma subcategoria (Didier, 2015)

A mediação, assim como a conciliação e a arbitragem, foi incorporada pelo Código de Processo Civil de 2015 como métodos alternativos para a resolução de conflitos, reconhecidos internacionalmente como ADR - Alternative Dispute Resolution. Este termo de origem anglo-saxônica engloba uma variedade de métodos não adjudicatórios aplicados à resolução de disputas, contribuindo para o que é hoje denominado sistema multiportas (Vasconcelos, 2020).

---

4 Para maiores detalhes, vide Resolução 125/2010. Art. 1º Fica instituída a Política Judiciária Nacional de Tratamento Adequado dos Conflitos de Interesses, tendente a assegurar a todos o direito à solução dos conflitos por meios adequados à sua natureza e peculiaridade.

5 "§ 2º O Estado promoverá, sempre que possível, a solução consensual dos conflitos. § 3º A conciliação, a mediação e outros métodos de solução consensual de conflitos deverão ser estimulados por juízes, advogados, defensores públicos e membros do Ministério Público, inclusive no curso do processo judicial".

Na esfera trabalhista, a Resolução nº 174/2016 do Conselho Superior da Justiça do Trabalho consolidou diretrizes específicas para a implementação da mediação na Justiça do Trabalho. A Resolução 174 reforçou a importância da mediação como instrumento para a resolução de conflitos laborais e estabeleceu parâmetros para a sua efetivação. Essa iniciativa está alinhada não apenas com as diretrizes estabelecidas pelo Conselho Nacional de Justiça.

Este arcabouço normativo foi fortemente influenciado pelo modelo de mediação praticado em Harvard, nos Estados Unidos, caracterizado pela utilização de técnicas de escuta, comunicação e, sobretudo, negociação (Orsini; Silva, 2016).

Em 2017 tivemos e a promulgação da Lei 13.467, intitulada como "reforma trabalhista", que trouxe diversas alterações para a CLT, dentre elas, a inserção dos mecanismos adequados da mediação e da arbitragem no âmbito trabalhista.

No texto da referida lei, os trabalhadores que recebem salário superior a duas vezes o limite da previdência social, podem optar por se submeter à arbitragem, mediante a cláusula arbitral[6].

A reforma ampliou espaço para que empregados e empregadores busquem soluções extrajudiciais para seus litígios, fortalecendo a autonomia das partes. (Martins, 2018)

Assim, a trajetória legislativa trabalhista reflete um comprometimento contínuo com a implementação e aprimoramento da solução adequada dos conflitos e a mediação trabalhista vem se destacando como um meio efetivo e ágil para a resolução de disputas no ambiente laboral.

---

6 Nos contratos individuais de trabalho cuja remuneração seja superior a duas vezes o limite máximo estabelecido para os benefícios do Regime Geral de Previdência Social, poderá ser pactuada cláusula compromissória de arbitragem, desde que por iniciativa do empregado ou mediante a sua concordância expressa, nos termos previstos na Lei no 9.307, de 23 de setembro de 1996

A MEDIAÇÃO COMO MÉTODO ADEQUADO PARA SOLUÇÃO DOS CONFLITOS LABORAIS

O acesso à justiça, concebido como um meio de efetivação dos direitos e um promotor de justiça social, assume a responsabilidade primordial de tornar essa possibilidade acessível a todas as pessoas. Em outras palavras, a ordem constitucional deve assegurar de maneira igualitária o direito a todos.

Os meios adequados de resolução de conflitos, situados fora da esfera da justiça pública, devem ser igualmente valorizados, incentivando os interessados a buscarem soluções além dos tribunais convencionais. Isso se configura como uma maneira de alcançar decisões mais rápidas e eficientes, utilizando meios como a arbitragem e a mediação (Alvim, 2003).

A mediação é um método consensual para abordar conflitos, pois a terceira figura, conhecida como mediador, detém um poder de decisão limitado, não autoritário. Seu papel consiste em ajudar as partes envolvidas no conflito a alcançarem o consenso de maneira voluntária e mutuamente aceitável. Diferentemente de um juiz, o mediador não tem a incumbência de tomar decisões (Gimenez; Vetoretti, 2013).

Essa abordagem destaca-se por alguns princípios fundamentais, tais como: a voluntariedade, pois as partes envolvidas na disputa têm a liberdade de participar ou não do processo de mediação e mantém o controle sobre as decisões que afetam seus interesses; a confidencialidade, sendo sigiloso tudo o que é discutido durante a mediação, permitindo que as partes compartilhem informações abertamente, incentivando uma comunicação mais eficaz; a imparcialidade do mediador, como um terceiro imparcial, sem julgamentos, com a função de facilitar a comunicação e guiar as partes na busca por soluções mutuamente aceitáveis e, por fim a autonomia das partes, tornando-as protagonistas na resolução do conflito.

A mediação se configura como uma ferramenta significativa ao possibilitar que as partes compreendam o litígio, enxerguem o ponto de vista uma da outra e restabeleçam a comunicação e a autodeterminação. Seu propósito é solucionar a controvérsia de maneira consensual, por meio de um acordo obtido pelas próprias partes, com a assistência de um mediador.

Além disso, a mediação trabalhista surge como uma vertente crucial desse processo, visando ajudar as partes envolvidas em conflitos laborais. Ao facilitar o acesso à Justiça, a mediação se apresenta como um mecanismo abrangente para solução de conflitos, entendendo como essencial o acesso a todos os meios disponíveis. Isso se traduz em uma abordagem que busca preservar e promover todos os direitos fundamentais, destacando, por consequência, a valorização da dignidade da pessoa humana.

A disseminação ampla e acessível de informações sobre a mediação é, portanto, um elemento crucial para que o acesso à justiça não seja um privilégio de poucos, mas sim um direito inalienável de todos os cidadãos. Iniciativas educativas, campanhas de conscientização e recursos acessíveis são meios pelos quais a informação pode ser disseminada de forma a empoderar os cidadãos, permitindo-lhes fazer escolhas informadas sobre a resolução de suas disputas.

No entanto, a equação do acesso à justiça não se completa apenas com a disseminação da informação. A acessibilidade à mediação também está intrinsecamente ligada à remoção de barreiras financeiras e estruturais que possam impedir a participação efetiva de determinados grupos sociais. Nesse sentido, é imperativo que as políticas públicas e os sistemas legais promovam não apenas a informação, mas também a implementação prática e efetiva da mediação como um meio inclusivo de resolução de disputas.

DESAFIOS E PERSPECTIVAS DA MEDIAÇÃO TRABALHISTA

A abordagem da mediação trabalhista, enquanto método alternativo de resolução de conflitos, enfrenta desafios complexos em distintos contextos jurídicos e culturais. Esses desafios refletem uma interseção intricada entre as especificidades normativas, culturais e estruturais de cada nação, proporcionando uma análise multifacetada dos obstáculos enfrentados por essa modalidade de resolução de disputas.

No contexto Brasil, a mediação trabalhista confronta-se com desafios relacionados à tradição litigiosa profundamente arraigada. A cultura do contencioso, sustentada por décadas de práticas judiciais consolidadas, impõe uma barreira significativa à aceitação generalizada da mediação. Além disso, a vastidão geográfica do país e as discrepâncias regionais nas práticas judiciais podem desencadear variações na aceitação e eficácia da mediação em diferentes estados.

A formação de mediadores especializados e a adaptação contínua dos sistemas jurídicos são essenciais para superar os desafios inerentes à mediação trabalhista. A construção de uma cultura que valorize a mediação como um instrumento eficaz para a resolução de disputas laborais é um objetivo comum, embora cada nação esteja imersa em suas próprias peculiaridades e trajetórias históricas, delineando um panorama complexo e dinâmico.

A resistência manifestada por empresas e empregados diante da adoção da mediação trabalhista emerge como uma intricada reflexão acerca das dinâmicas inerentes às relações laborais e da intrincada tessitura que permeia o universo empresarial. Tal resistência, muitas vezes enraizada em paradigmas estabelecidos, traduz-se como um fenômeno multifacetado que demanda uma análise acurada e multidisciplinar.

No âmbito empresarial, a resistência pode ser encarada como uma reação defensiva, ancorada na premissa de que a mediação, ao introduzir uma abordagem alternativa à resolução de conflitos, pode desestabilizar a hierarquia corporativa ou comprometer interesses financeiros. A implementação de métodos tradicionais, muitas vezes pautados pela litigância, configura-se como uma zona de conforto, na qual a previsibilidade do sistema judiciário é preferida à incerteza inerente à mediação.

Já do lado dos empregados, a resistência pode ser percebida como uma desconfiança quanto à imparcialidade do processo mediador, advinda de uma percepção de assimetria de poder. A figura do empregador, por vezes detentora de maior capital econômico e poder decisório, pode suscitar receios quanto à equidade do processo de mediação. Além disso, a cultura arraigada de litigância, existente pelo Próprio Poder Judiciário de que a intervenção judicial é percebida como a única via legítima para resolver disputas, contribui para a resistência à mudança de paradigmas. (Paumgartten, 2013)

Ademais, é imperativo desmistificar a ideia de que a mediação é antagônica aos interesses empresariais ou laborais. Ao contrário, ela se erige como um instrumento capaz de promover ambientes de trabalho mais saudáveis, fomentando a comunicação aberta e a resolução proativa de conflitos. A resistência, portanto, pode ser convertida em aceitação à medida que se promove uma compreensão mais profunda e informada sobre o papel da mediação no contexto laboral contemporâneo.

Outra perspectiva importante a ser observada é a autonomia de vontade. Quando aplicada à mediação trabalhista, confere às partes o poder soberano de ingressar voluntariamente no processo, demonstrando um comprometimento genuíno com a resolução pacífica de conflitos. A liberdade de escolher participar ativamente da mediação não apenas respeita os direitos fundamentais das partes, mas também ressalta a importância da negociação como meio eficaz de alcançar soluções personalizadas e mutuamente aceitáveis.

A negociação, como faceta essencial da mediação, permite que as partes expressem suas necessidades, interesses e preocupações de maneira aberta e participativa. A adesão voluntária proporciona um terreno fértil para o diálogo construtivo, fomentando a criação de soluções inovadoras e adaptadas às circunstâncias específicas de cada disputa laboral. O engajamento voluntário, ao invés da imposição coercitiva, promove um clima colaborativo que transcende a mera resolução de litígios, visando à restauração das relações e à construção de um ambiente laboral saudável.

No entanto, é vital reconhecer que a autonomia de vontade e a adesão voluntária à mediação têm seus limites, especialmente quando confrontadas com direitos indisponíveis. Existem certos direitos inalienáveis e imprescritíveis que não podem ser livremente renunciados pelas partes, mesmo quando optam pela mediação. Assuntos relacionados à segurança, saúde e normas trabalhistas, por exemplo, são intrínsecos à ordem pública e não podem ser transacionados de forma que comprometa direitos essenciais dos trabalhadores. (Tupinambá, 2018)

Portanto, o equilíbrio entre a autonomia de vontade e a proteção de direitos fundamentais exige uma abordagem cautelosa e informada. O respeito aos limites dos direitos indisponíveis é essencial para assegurar que a adesão voluntária à mediação não se traduza em concessões prejudiciais aos princípios essenciais do ordenamento jurídico trabalhista.

Neste contexto, a mediação trabalhista, embora represente uma abordagem alternativa e promissora para a resolução de conflitos laborais, como pode ser verificado em diferentes sistemas jurídicos, encontra-se diante de diversos desafios que modelam suas perspectivas. A compreensão e enfrentamento desses desafios são cruciais para fortalecer a eficácia desse método e fomentar ambientes laborais mais harmoniosos.

CONSIDERAÇÕES FINAIS

Em conclusão, destaca-se a importância da mediação trabalhista como instrumento valioso na promoção de uma justiça eficaz e acessível. O contexto contemporâneo, marcado pela dinâmica das relações de trabalho, demanda abordagens flexíveis e inovadoras para a resolução de conflitos, papel que a mediação desempenha com maestria.

O acesso à justiça emergiu como um elemento central, ressaltando a mediação como um meio eficaz para proporcionar soluções equitativas e preservar a autonomia das partes envolvidas. No entanto, para alcançar plenamente esses objetivos, é essencial considerar a resistência à mediação, que muitas vezes deriva de paradigmas tradicionais e da falta de conscientização sobre seus benefícios.

O respeito aos direitos indisponíveis e a proteção da autonomia das partes durante o processo de mediação são princípios fundamentais que contribuem para a construção de acordos duradouros e justos.

A crescente conscientização acerca da sobrecarga do sistema judicial, aliada à busca por métodos mais céleres e eficazes, tem instigado a disseminação de práticas alternativas, como a mediação. Nesse ínterim, superar a resistência demanda uma abordagem pedagógica e informativa, destacando os benefícios tangíveis, como a preservação de relacionamentos, a celeridade processual e a autonomia das partes na construção de soluções consensuais.

A superação da resistência à mediação constitui um desafio multifacetado que transcende a esfera puramente cultural, demandando um conjunto abrangente de estratégias. É imperativo reconhecer que, embora a mudança cultural seja uma peça-chave, é necessário ir além, implementando esforços contínuos na educação e na divulgação para esclarecer as vantagens inegáveis dessa abordagem.

Ao promover a mediação como uma via eficaz para a resolução de conflitos trabalhistas, é possível realizar melhorias substanciais na eficiência do sistema judiciário. A mediação não apenas alivia a sobrecarga dos tribunais, mas também acelera o processo de resolução, proporcionando uma alternativa ágil e acessível aos litígios prolongados.

Além disso, ao reconhecer a mediação como um meio para resolver disputas laborais, abre-se a oportunidade de fomentar ambientes de trabalho mais saudáveis e colaborativos. A natureza consensual da mediação propicia um espaço propício para o diálogo construtivo, promovendo a compreensão mútua entre as partes envolvidas. Essa dinâmica não apenas resolve o impasse imediato, mas também contribui para a construção de relações profissionais mais robustas e resilientes.

Nesse sentido, a mediação destaca-se como uma ferramenta essencial na construção de um sistema jurídico mais justo e adaptado às demandas contemporâneas. Sua capacidade de proporcionar soluções personalizadas, preservar a autonomia das partes e promover uma abordagem mais humanizada à justiça a coloca no centro de uma transformação significativa no cenário jurídico moderno.

Ao abraçar plenamente a mediação como um componente integral do sistema jurídico, não apenas reconhecemos sua eficácia na resolução de conflitos, mas também pavimentamos o caminho para um ambiente legal mais inclusivo, acessível e alinhado às necessidades dinâmicas das relações trabalhistas contemporâneas.

REFERÊNCIAS BIBLIOGRÁFICAS

Alvim, José Eduardo Carreira. (1988). Justiça: acesso e descesso. 2003. Disponível em: https://jus.com.br/artigos/4078/justica-acesso-e-descesso. Acesso em 29/11/2023.

Capeletti, Mauro. (1988). Acesso à justiça. Tradução de Ellen Gracie Norhfleet. Porto Alegre: Fabris.

BRASIL. Constituição da República Federativa do Brasil de 1988. Promulgada em 5 de outubro de 1988. Disponível em: https://www.planalto.gov.br/ccivil_03/ constituicao/constituicao.htm. Acesso em: 20/12/2023.

________. Decreto-Lei nº 5.452, de 1º de maio de 1943. Consolidação das Leis do Trabalho Disponível em: https://www.planalto.gov.br/ccivil_03/decreto-lei/del5452.htm. Acesso em: 20/12/2023.

________. Decreto nº 33.196, de 1º de julho de 1953. Promulga a Convenção nº 98 da Organização Internacional do Trabalho, sobre o Direito de

Organização e de Negociação Coletiva. Disponível em: https://www.planalto.gov.br /ccivil_03/atos/decretos/1953/d33196.html. Acesso em: 20/12/2023.

________. Decreto nº 1.256, de 29 de setembro de 1994. Promulga a Convenção nº 154 da OIT sobre a Promoção da Negociação Coletiva. Disponível em: https://www.planalto.gov.br/ccivil_03/decreto/1990-1994/D1256.htm#:~:text=

DECRETO%20N%C2%BA%201.256%2C%20DE%2029,19%20de%20junho%20de%201981. Acesso em: 20/12/2023.

________. Lei nº 9.958, de 12 de janeiro de 2000. Acrescenta dispositivos à Consolidação das Leis do Trabalho, para instituir as Comissões de Conciliação Prévia. Disponível em: https://www.planalto.gov.br/c civil_03/leis/l9958.htm#:~:text=LEI%2

0No%209.958%2C%20DE,extrajudicial%20na%20Justi%C3%A7a%20do%20Trabalho.. Acesso em: 20/12/2023.

________. Decreto nº 10.088, de 5 de novembro de 2019. Consolida atos normativos editados pelo Poder Executivo Federal que dispõem sobre a promulgação de convenções e recomendações da Organização Internacional do Trabalho - OIT ratificadas pela República Federativa do Brasil. Disponível em: https://www.planalto

.gov.br/ccivil_03/_Ato2019-2022/2019/Decreto/D10088.htm#art5. Acesso em 22/12/2023)

________. Lei nº 13.105, de 16 de março de 2015. Código de Processo Civil. Disponível em: https://www.planalto.gov.br/ccivil_03/_ato2015-2018/2015/lei/l131

05.htm. Acesso em: 21/12/2023.

________. Lei nº 13.140, de 26 de junho de 2015. Dispõe sobre a mediação entre particulares como meio de solução de controvérsias e sobre a autocomposição de conflitos no âmbito da administração pública. Disponível em: http://www.planalto.gov.br. Acesso em: 20/12/2023.

_______. Lei nº 13.467, de 13 de julho de 2017. Altera a Consolidação das Leis do Trabalho. Disponível em: https://www.planalto.gov.br/ccivil_03/_ato2015-2018/2017/lei/l13467.htm. Acesso em: 20/12/2023.

_______. CNJ. Resolução nº 125, de 29 de novembro de 2010 do Conselho Nacional de Justiça. Dispõe sobre a Política Judiciária Nacional de tratamento adequado dos conflitos de interesses no âmbito do Poder Judiciário. Disponível em: https://www.cnj.jus.br. Acesso em: 20/12/2023.

_______. CSJT. Resolução nº 174/2016 do Conselho Superior da Justiça do Trabalho: Conselho Superior da Justiça do Trabalho. Dispõe sobre a política judiciária nacional de tratamento adequado das disputas de interesses no âmbito da Justiça do Trabalho. Disponível em: https://www.csjt.jus.br. Acesso em: 20/12/2023.

Cintra, Antônio Carlos de Araújo, GRINOVER, Ada Pellegrini, DINAMARCO, Cândido Rangel. (2012). Teoria geral do processo. São Paulo: Malheiros.

Convenção nº 98 da Organização Internacional do Trabalho sobre o Direito de Organização e de Negociação Coletiva, 1949. Disponível em: https://www.ilo.org. Acesso em: 06/09/2024.

Convenção nº 154 da OIT: Organização Internacional do Trabalho (OIT). Convenção nº 154 sobre a Promoção da Negociação Coletiva, 1981. Disponível em: https://www.ilo.org. Acesso em: 06/09/2024.

Deveali Mario; BRITO Peret José I. 1983. Derecho del Trabajo. Astrea Buenos Aires.

Didier jr. Fredie. 2015. Princípio do Respeito ao Autorregramento da Vontade no Processo Civil. Extraído do Cap. 1 da Coleção Grandes Temas do Novo CPC, Vol 1 – Negócios Processuais. Salvador: JusPodivm.

Freitas, José Mello de. 2007. Validade da transação na alteração do contrato de trabalho. Passo Fundo: UPF.

Gimenez, Charlise P. Colet; Marina Vetoretti. 2013. A abordagem ao conflito na sociedade contemporânea: uma análise do poder judiciário versus a mediação, in Spengler, Fabiana Marion (Org.) Aceso à Justiça e Mediação – Curitiba: Multideia.

Martinez, Sergio Rodrigo; Schulz, Sthephanie Galhardo. 2017. Análise da Institucionalização da Mediação a partir das Inovações do Novo Código de Processo Civil e da Lei de Mediação. Revista Eletrônica Do Curso De Direito Da UFSM, v. 12, p. 1-25.

Martins, Sérgio Pinto. 2018. Reforma trabalhista: comentários às alterações das Leis n. 13.467/2017, 13.545/2017 e da Medida provisória n. 808/2017. São Paulo: Saraiva.

Morais, Jose Luis Bolzan; Veras, Mariana Rodrigues. 2018. Mediação e transformação social. Direitos Culturais, Santo Ângelo, v. 13, n. 30, p. 15-28.

Orsini, Adriana Goulart de Sena; Silva, Nathane Fernandes. 2015. Entre a promessa e a efetividade da mediação: uma análise da mediação no contexto brasileiro. Revista Jurídica da Presidência Brasília v. 18 n. 115, p.331-356.

Pinho, Humberto Dalla Bernardina; Paumgartten, Michele Pedrosa. 2013. O acesso à justiça e o uso da mediação na resolução dos conflitos submetidos ao Poder Judiciário. Disponível em: http://www.ambitojuridico.com.br/site/?n_linrevista_

artigos_leitura& artigoid=10855&revista_caderno=21. Acesso em 29/12/2023.

Sales, Lília Maia de Morais. 2007. Justiça e mediação de conflitos. Belo Horizonte: Del Rey.

Sander, Frank; Crespo, Mariana Hernandez. 2012. Diálogo entre os professores Frank. Explorando a evolução do Tribunal Multiportas. In: Almeida, Rafael Alves de; almeida, Tania; crespo, Mariana Hernandez (Org). Tribunal Multiportas: investindo no capital social para maximizar o sistema de solução de conflitos no Brasil. Rio de Janeiro: Editora FGV.

Schiavi, Mauro. 2017. A Reforma Trabalhista e o Processo do Trabalho: Aspectos processuais da Lei n. 13.467/17. São Paulo: Ed. LTr.

Tupinambá, Carolina. 2018. Ao seu dispor! A lenda da indisponibilidade dos direitos dos trabalhadores. Soluções de Conflitos Trabalhistas: Novos Caminhos. São Paulo: LTr.

Vasconcelos, Carlos Eduardo de. 2020. Mediação de conflitos e práticas restaurativas Ed. Método. p 62.

Zaganelli, Juliana. 2016. A (in)justiça do poder judiciário: o obstáculo econômico do acesso à justiça e o direito social à saúde. Revista de Direito Brasileira, São Paulo/SP,v. 15, n. 6, p. 185 - 199.

CAMINHOS PARA A PAZ ESCOLAR: DESAFIOS E CONVERGÊNCIA DE TEORIAS

Autora: Elen Cristina do Nascimento

DESAFIOS E SOLUÇÕES NA VIOLÊNCIA ESCOLAR

A problemática escolar, que afeta milhões de crianças e adolescentes anualmente, destaca-se globalmente, como evidenciado no relatório anual da UNESCO/2017, apontando 246 milhões de vítimas em todo o mundo[1]. No período de janeiro a setembro, a Agência Brasil registrou 9,5 mil denúncias de violência escolar ao Disque 100, indicando um aumento significativo de 50% em 2023[2].

---

1 "a problemática escolar, que afeta milhões de crianças e adolescentes anualmente, destaca-se globalmente, como evidenciado no relatório anual da UNESCO/2017, apontando 246 milhões de vítimas em todo o mundo."

2 "No período de janeiro a setembro, a Agência Brasil registrou 9,5 mil denúncias de violência escolar ao Disque 100, indicando um aumento significativo de 50% em 2023."

Dentre os fatores desencadeadores, a pobreza ou status social emerge como um elemento crítico, inserindo-se em um conjunto mais amplo que abrange deficiência física, gênero, aparência física, diferenças étnicas, linguísticas ou culturais, além de fatores de ordem emocional, envolvendo constrangimento, tortura psíquica, ameaça, bullying, injúria, orientação sexual, expressão e identidade de gênero[3].

No âmbito das instituições de ensino, a complexidade das relações humanas demanda a busca por soluções eficazes e não violentas na prevenção e resolução de conflitos. Nesse contexto, a teoria de Frank Sander[4], enfatizando a resolução consensual de disputas, oferece um arcabouço conceitual valioso[5]. Alinhada

---

3 "Dentre os fatores desencadeadores, a pobreza ou status social emerge como um elemento crítico, inserindo-se em um conjunto mais amplo que abrange deficiência física, gênero, aparência física, diferenças étnicas, linguísticas ou culturais, além de fatores de ordem emocional, envolvendo constrangimento, tortura psíquica, ameaça, bullying, injúria, orientação sexual, expressão e identidade de gênero."

4 O conceito foi apresentado na palestra de abertura da Pound Conference, em 1976, em Saint Paul, Minessotta, conforme explica Frank Sander em: Diálogos entre os professores Frank Sander e Mariana Hernandez Crespo: explorando a evolução do Tribunal Multiportas, in Investindo no capital social para maximizar o sistema de solução de conflitos no Brasil. (Org.) CRESPO, Maria Hernandez. Rio de Janeiro: FGV Editora, 2012, p. 31.

5 "a teoria de Frank Sander, enfatizando a resolução consensual de disputas, oferece um arcabouço conceitual valioso."

a essa abordagem, a Teoria da Paz[6] proposta por Galtung[7] (1996) introduz a micropaz, dedicada ao estudo das relações entre instituições de ensino e seus públicos externos e internos[8].

No estado de Minas Gerais, a introdução da função do Mediador Escolar em 2011, por meio do projeto Mediação de Conflitos no Ambiente Escolar (MESC), representa uma iniciativa significativa. O Projeto Mediação de Conflitos no Ambiente Escolar (MESC) propõe uma metodologia que capacita as escolas a desenvolverem seus próprios processos de mediação, incluindo instrumentos e mecanismos para envolver os alunos nesse processo[9]. Destaca-se a importância de formar jovens como agentes inibidores da violência,

---

6 A teoria da paz é geralmente associada às relações internacionais, mais especificamente à política internacional. Essa parte da teoria é a macropaz, trata da mediação e resolução de conflitos (paz negativa) e da prevenção de conflitos (paz positiva) entre nações.

7 "Definindo, Galtung (1996) afirma que "existe a violência que fere e agride, e mesmo mata o corpo humano; a violência que tira vagarosamente a vida através da má-nutrição e da doença; a violência que fere e agride e mata o espírito humano através da repressão; e a violência que tira o significado da vida do ser humano através da alienação ('meaningless-ness')" e a violência que destrói a capacidade da natureza de se reproduzir" (Galtung, 1996). Em resumo, a taxonomia da violência de Galtung (1996) resulta em especializações nos Estudos da Paz: (1) Paz com a sobrevivência/segurança, (2) Paz com o bem-estar e a justiça econômica, (3) Paz com a liberdade e a justiça política, (4) Paz com a cultura/significado e (5) Paz com a natureza/balanço ecológico."

8 "a Teoria da Paz proposta por Galtung (1996) introduz a micropaz, dedicada ao estudo das relações entre instituições de ensino e seus públicos externos e internos."

9 "O Projeto Mediação de Conflitos no Ambiente Escolar (MESC) propõe uma metodologia que capacita as escolas a desenvolverem seus próprios processos de mediação, incluindo instrumentos e mecanismos para envolver os alunos nesse processo."

promovendo a cultura de paz intramuros e contribuindo para um ambiente escolar mais harmonioso[10].

Diante desse cenário, este capítulo busca desmistificar a relação entre violência escolar e poder socioeconômico, explorando os desafios enfrentados pelas instituições de ensino e as perspectivas oferecidas por iniciativas como o Projeto Mediação de Conflitos no Ambiente Escolar (MESC)[11]. O foco será na micropaz, abordando as relações internas e externas das escolas, e na formação de mediadores escolares como estratégia para prevenir, minimizar e solucionar conflitos, promovendo uma cultura de paz no ambiente educacional[12].

DESMISTIFICANDO A RELAÇÃO ENTRE VIOLÊNCIA ESCOLAR E PODER SOCIOECONÔMICO: DESAFIOS E PERSPECTIVAS PARA INSTITUIÇÕES DE ENSINO

As transgressões comportamentais não estão exclusivamente associadas a instituições públicas ou privadas, e vinculá-las diretamente ao poder aquisitivo

---

10 "Destaca-se a importância de formar jovens como agentes inibidores da violência, promovendo a cultura de paz intramuros e contribuindo para um ambiente escolar mais harmonioso."

11 "Este capítulo busca desmistificar a relação entre violência escolar e poder socioeconômico, explorando os desafios enfrentados pelas instituições de ensino e as perspectivas oferecidas por iniciativas como o Projeto Mediação de Conflitos no Ambiente Escolar (MESC)."

12 "O foco será na micropaz, abordando as relações internas e externas das escolas, e na formação de mediadores escolares como estratégia para prevenir, minimizar e solucionar conflitos, promovendo uma cultura de paz no ambiente educacional."

das famílias é um mito a ser desmistificado. Independentemente do perfil socioeconômico, todas as escolas enfrentam o desafio diário de lidar com transgressores, manter a ordem e criar um ambiente propício ao aprendizado.

Gradualmente, as instituições de ensino assumem funções formativas que antes eram atribuídas às famílias, buscando moldar o caráter dos alunos para além do papel informativo. A relação entre instituições privadas e famílias, muitas vezes percebida como uma relação de consumo, contribui para a manutenção desse cenário, onde as instituições aceitam, em certa medida, o papel delegado pelos pais para manter sua base de alunos.

Tanto em escolas públicas quanto em instituições superiores privadas destinadas à elite financeira local, professores enfrentam ofensas, danos a propriedades e desrespeito às normas. Essa realidade resulta em desânimo, depressão e queda de desempenho nos alunos que buscam manter-se fiéis às diretrizes da instituição.

É notável a tentativa por parte dos gestores de mascarar essa realidade em reuniões com famílias e apresentações externas, mantendo um discurso centrado na ordem e excelência acadêmica. No entanto, fatores como baixos salários, longas jornadas de trabalho e a pressão por resultados comprometem a imposição do rigor necessário para reverter esse quadro. Como resultado, novos transgressores são admitidos a cada ano.

Os professores, frequentemente o elo mais frágil, não estão preparados para lidar com esse conflito. Pressionados por salários baixos e expectativas irrealistas, muitos profissionais adoecem e buscam alternativas fora das salas de aula para subsistir.

As instituições de ensino, que deveriam ser refúgios contra a violência urbana, paradoxalmente, passam a abrigá-la em diversos aspectos. Pesquisas indicam altos índices de violência, comprometendo a concentração nos estudos e gerando impactos negativos na saúde mental dos alunos.

De acordo com os estudos da Doutora Bianca Farias[13] no artigo "Mediação de Conflitos em Ambientes Educacionais: Um Horizonte com Novas Perspectivas", as instituições educacionais, que deveriam servir como refúgio contra a violência urbana, curiosamente passam a abrigá-la em diversos aspectos[14]. Ela ilustra o estudo com dados extraídos de pesquisas no Estado do Rio de Janeiro, onde constata-se que 16% dos jovens matriculados em escolas particulares e 13% dos jovens de escolas públicas relatam a vivência de episódios violentos dentro de suas instituições de ensino. Resultados significativos de uma pesquisa relevante indicam ainda que 52% dos estudantes em ambas as redes enfrentam dificuldades para se concentrar nos estudos, 28% experimentam sentimentos de nervosismo ou revolta, e 27% perderam a motivação para prosseguir com suas atividades acadêmicas.

Ao analisar a problemática da violência por meio de dados estatísticos, observa-se que, no Rio de Janeiro, 23% dos estudantes afirmam ter presenciado ameaças feitas por colegas a outros alunos, seus pais ou professores. Adicionalmente, 11% relatam ter testemunhado situações envolvendo agressões físicas perpetradas por alunos contra outros colegas ou professores.

---

13 "Bianca Oliveira de Farias Doutora em Direito Processual pela UERJ. Diretora Acadêmica do Centro Brasileiro de Mediação e Arbitragem (CBMA). Professora de Conciliação e Negociação do Mestrado da Ambra University. Professora da EMERJ. Professora da Pós-Graduação em Direito do Consumidor da UERJ. Professora da UCAM. Árbitra e Advogada Tributarista no Rio de Janeiro".

14 "FARIAS, Bianca. "Mediação de Conflitos em Ambientes Educacionais: Um Horizonte com Novas Perspectivas". "Ela ilustra o estudo com dados extraídos de pesquisas no Estado do Rio de Janeiro, onde constata-se que 16% dos jovens matriculados em escolas particulares e 13% dos jovens de escolas públicas relatam a vivência de episódios violentos dentro de suas instituições de ensino. Resultados significativos de uma pesquisa relevante indicam ainda que 52% dos estudantes em ambas as redes enfrentam dificuldades para se concentrar nos estudos, 28% experimentam sentimentos de nervosismo ou revolta, e 27% perderam a motivação para prosseguir com suas atividades acadêmicas."

Quase metade dos estudantes, cerca de 50%, expressam a dificuldade em perceber a instituição de ensino como um ambiente pacífico, destacando que o espaço escolar é tão conflituoso quanto a sociedade em que estão inseridos.

É importante ressaltar que todos os dados mencionados foram obtidos a partir de uma pesquisa conduzida por ABRAMOVAY, Miriam, entre outros, intitulada "Violências nas escolas", realizada em parceria com instituições como UNESCO, Instituto Ayrton Senna, UNAIDS, Banco Mundial, USAID, Fundação Ford, CONSED e UNDIME, no ano de 2002[15]. Esses resultados evidenciam que de longa data se faz necessária e urgente a adoção de abordagens inovadoras na mediação de conflitos em ambientes educacionais, visando promover um ambiente escolar mais seguro e propício ao desenvolvimento acadêmico e social dos estudantes.

Diante desses dados, a indisciplina tornou-se uma preocupação interdisciplinar, transversal à pedagogia e intimamente ligada ao Direito. Os gestores precisam dominar práticas mediadoras, combinando teoria pedagógica com fundamentos jurídicos da mediação de conflitos. Essa abordagem se revela indispensável para promover uma cultura de paz e resolver eficazmente os conflitos que permeiam o ambiente educacional. A complexidade dessa temática não pode ser ignorada, e a busca por novas formas de lidar com os desafios impostos pela violência escolar é urgente.

BASE DE DADOS ESTUDADOS - MESC - MEDIAÇÃO DE CONFLITOS

15 "ABRAMOVAY, Miriam; et al. "Violências nas escolas". A pesquisa foi realizada em parceria com instituições como UNESCO, Instituto Ayrton Senna, UNAIDS, Banco Mundial, USAID, Fundação Ford, CONSED e UNDIME, no ano de 2002."

NO AMBIENTE ESCOLAR - "PAZ EM AÇÃO"

A pesquisa propõe uma análise profunda da correlação entre o Projeto MESC (Mediação de Conflitos no Ambiente Escolar) e a Teoria de Frank Sander, especificamente a "Teoria da Justiça Multiportas". O estudo concentra-se em duas escolas periféricas nas proximidades de Belo Horizonte, ambas envolvidas no Projeto Mediação de Conflitos no Ambiente Escolar (MESC) desde 2012, buscando compreender como a teoria de Sander é incorporada e potencializada por esse projeto de mediação escolar.

A Teoria de Justiça Multiportas, proposta por Frank Sander, destaca a importância de oferecer diversas portas de acesso à resolução de conflitos, reconhecendo a singularidade de cada disputa. A pesquisa explora como o Projeto Mediação de Conflitos no Ambiente Escolar (MESC), ao adotar práticas de mediação, se alinha a essa teoria ao proporcionar múltiplos caminhos para a resolução consensual de conflitos no ambiente escolar.

Na Escola 1, onde o Projeto Mediação de Conflitos no Ambiente Escolar (MESC) já estava consolidado, a pesquisa investiga como a Teoria de Justiça Multiportas é aplicada na prática. Observa-se como os alunos, com idades entre 14 e 17 anos, e professores, de diversas disciplinas, utilizam as diferentes portas fornecidas pelo Projeto Mediação de Conflitos no Ambiente Escolar (MESC) para resolver conflitos. A presença de grupos focais permite uma análise aprofundada das experiências, destacando nuances específicas da teoria de Sander na abordagem de disputas escolares.

Na Escola 2, em estágio inicial de implementação do Projeto Mediação de Conflitos no Ambiente Escolar (MESC), a pesquisa explora como os desafios, como a paralisação dos professores, impactam a aplicação da Teoria de Justiça Multiportas. Examina-se como a formação de grupos de alunos e professores ainda em desenvolvimento busca integrar os princípios da teoria de Sander em um contexto desafiador.

A pesquisa busca identificar como a interseção entre o Projeto Mediação de Conflitos no Ambiente Escolar (MESC) e a Teoria de Justiça Multiportas contribui para a construção de uma cultura escolar que valoriza a resolução pacífica de conflitos. Analisa como a teoria de Sander, ao ser aplicada por meio do Projeto Mediação de Conflitos no Ambiente Escolar (MESC), pode influenciar a maneira como os membros da comunidade escolar percebem, abordam e resolvem disputas, promovendo uma cultura de diálogo e compreensão.

A pesquisa oferecerá desdobramentos práticos e recomendações para aprimorar a integração da Teoria de Justiça Multiportas em programas de mediação escolar, como o Projeto Mediação de Conflitos no Ambiente Escolar (MESC), visando a fortalecer a eficácia dessas iniciativas na promoção de um ambiente educacional mais harmonioso e respeitoso.

A CONTRIBUIÇÃO DAS TEORIAS DE JUSTIÇA MULTIPORTAS E DA PAZ NA IMPLEMENTAÇÃO DO PROJETO MESC

Este estudo aborda a problemática da violência escolar, destacando sua relevância global e os desafios enfrentados pelas instituições de ensino. Buscamos desmistificar a associação entre violência escolar e poder socioeconômico, explorando a eficácia do Projeto Mediação de Conflitos no Ambiente Escolar (MESC) à luz das teorias de Frank Sander e Johan Galtung. O Projeto Mediação de Conflitos no Ambiente Escolar (MESC), implementado em escolas de Minas Gerais, propõe uma abordagem inovadora ao capacitar jovens como mediadores, promovendo uma cultura de paz. Utilizando a Teoria de Justiça Multiportas, o estudo analisa dados coletados em duas escolas, destacando a diversidade de conflitos e a necessidade de uma abordagem abrangente. A análise das concepções de violência entre alunos e professores, aliada à aplicação das teorias de Sander e Galtung, revela insights valiosos para a promoção de ambientes educacionais mais seguros e respeitosos. A convergência dessas teorias oferece uma base sólida para a mediação escolar, não apenas resolvendo conflitos imediatos, mas também transformando ativamente a cultura escolar. O estudo conclui que a integração das Teorias de Justiça Multiportas e da Paz representa uma oportunidade para as instituições educacionais não apenas solucionarem disputas, mas também se tornarem agentes na construção de paz, respeito mútuo e cooperação contínua na comunidade escolar.

CONCEPÇÕES DE VIOLÊNCIA NA ESCOLA: ENTRE DESAFIOS E PROGRESSOS NA PERCEPÇÃO DOS PROFESSORES

A abordagem das concepções de violência na escola, conforme expressas pelos professores, revela um cenário complexo permeado por observações tanto positivas quanto negativas em relação às dinâmicas educacionais. A importância de discutir e compreender a percepção dos atores escolares sobre a violência é crucial para o desenvolvimento de indicadores efetivos na avaliação de programas e ações de prevenção.

Dentre as observações apontadas pelos professores durante as análises, destacam-se tanto aspectos negativos quanto positivos. No que se refere às formas de violência identificadas, os relatos mencionam violências verbais, físicas e institucionais. Tanto a violência física quanto a simbólica emergem nas falas dos professores, transcendendo as relações intramuros da escola e se estendendo às interações com instituições externas, como órgãos públicos responsáveis pelas políticas educacionais.

Um ponto de destaque nas observações negativas é a identificação da violência nas relações interpessoais entre os professores. A imposição de ideias e a discordância são apontadas como geradoras de conflitos, evidenciando a existência de tensões no ambiente educacional. Além disso, a violência institucional entre os profissionais, relacionada a diferenças ideológicas, é destacada como uma dimensão muitas vezes não abordada em discussões sobre as relações entre os membros da equipe escolar.

Outro aspecto relevante é a observação da dificuldade de desenvolvimento de trabalhos coletivos entre os professores, especialmente na escola 2, onde o grupo focal foi realizado com menos participantes. Essa dificuldade aponta para desafios na promoção de colaboração e sinergia no ambiente escolar.

Por outro lado, é importante ressaltar observações positivas provenientes das experiências. Na escola 1, que já vinha implementando o Projeto Mediação de Conflitos no Ambiente Escolar (MESC) há mais tempo, os professores não relatam dificuldades significativas em projetos coletivos. Essa constatação sugere que a implementação prévia do projeto pode ter contribuído para uma maior integração e cooperação entre os profissionais, indicando caminhos promissores para o fortalecimento da coletividade no contexto escolar.

Dessa forma, a análise das observações dos professores revela uma dualidade de desafios e progressos, fornecendo insights valiosos para a compreensão das dinâmicas internas e externas que moldam o ambiente educacional.

CONCEPÇÕES DE VIOLÊNCIA NA ESCOLA: ENTRE DESAFIOS E PROGRESSOS NA PERCEPÇÃO DOS ALUNOS

A análise das concepções de violência na escola, conforme expressas pelos alunos, revela uma perspectiva complexa permeada por observações tanto positivas quanto negativas em relação às dinâmicas educacionais. O entendimento das percepções dos estudantes sobre a violência é crucial para orientar a formulação de indicadores eficazes na avaliação de programas e ações de prevenção.

Ao examinar as falas dos alunos durante as análises, destacam-se tanto aspectos negativos quanto positivos. No que se refere às formas de violência identificadas, os relatos mencionam violências verbais e simbólicas. No entanto, é digno de nota que situações específicas, como preconceitos e questões de respeito entre alunos e professores, são consideradas como manifestações de violência.

Em geral, as situações classificadas como violentas remetem a vivências concretas nas escolas, evidenciando o reconhecimento de violências tanto por parte dos professores quanto dos alunos. Nota-se também a referência a comportamentos desejados, indicando possíveis reflexos de temas abordados em programas como o Projeto Mediação de Conflitos no Ambiente Escolar (MESC) e o Gentileza Gera Gentileza, como o respeito mútuo e a cordialidade.

Durante o estudo com o grupo focal, os alunos da escola 1 ressaltaram princípios de convivência trabalhados pelo Projeto Mediação de Conflitos no Ambiente Escolar (MESC), destacando melhorias nas relações escolares. Especificamente, apontaram mudanças positivas no tratamento por parte de uma pessoa encarregada de controlar os alunos fora da sala de aula e na entrada da escola, atribuindo tais melhorias ao projeto MESC. Esses relatos indicam que o projeto influenciou positivamente as interações, contribuindo para uma abordagem mais respeitosa e cordial.

Por outro lado, a análise das observações dos alunos também revela desafios relacionados à percepção de violência na escola. As situações de preconceito e questões de respeito evidenciam a existência de entraves a serem superados para promover um ambiente escolar mais inclusivo e harmonioso.

Assim, a compreensão das visões dos alunos sobre a violência na escola oferece uma visão abrangente das dinâmicas internas, fornecendo percepções valiosas para o desenvolvimento de estratégias e intervenções eficazes.

TIPOS DE VIOLÊNCIA IDENTIFICADOS ENTRE ALUNOS E PROFESSORES

O presente relatório visa analisar os dados coletados em duas escolas (Escola 1 e Escola 2) em relação às manifestações de conflito entre professores, alunos e no ambiente escolar em geral. A identificação desses conflitos é crucial para implementar estratégias eficazes de mediação e promoção de um ambiente educacional seguro e respeitoso.

Tabela 1

Tipo de comportamento	**Escola 1**	**Escola 2**
Do professor contra o aluno	*Xingamentos*	*Abuso da autoridade*
	Desrespeito	*Homofobia,machismo, racismo*
	Preconceito/Racismo	*Desrespeito*
Do aluno contra o professor	*Intolerância*	*Agressão ao patrimônio da escola*
	Agressão ao patrimônio da escola	
Entre alunos	*Roubo de material escolar e pertences*	*Bullying (chacota, agressões verbais)*
	Brigas	*Agressão física*
	Xingamentos (bullying)	

Os dados destacam a complexidade das dinâmicas escolares e a variedade de conflitos presentes em ambas as escolas e a necessidade de promoção de uma cultura de respeito e cooperação para transformar positivamente o ambiente educacional em ambas as instituições.

JUSTIFICATIVA DO REFERENCIAL TEÓRICO DE FRANK SANDER E GALTUNG NA ANÁLISE DOS DADOS

O referencial teórico de Frank Sander e Galtung , "Teoria da Justiça Multiportas" e "Teoria da Paz". A teoria , "Teoria da Justiça Multiportas", fornece uma estrutura sólida e abrangente, já a "Teoria da Paz" oferece insights mais holísticos para abordar conflitos e promover a resolução pacífica de disputas em ambientes diversos, incluindo o contexto escolar. A aplicação dessas teorias na análise dos dados coletados nas Escolas 1 e 2 revelam benefícios substanciais e alinhamento com os princípios fundamentais da abordagem de Sander e Galtung. Aqui estão algumas justificativas específicas para a utilização desses referenciais teóricos:

A "Teoria da Justiça Multiportas" preconiza a introdução de diversos processos de resolução de conflitos. Propor programas de mediação e negociação na Escola 1 e treinamentos sobre resolução de conflitos na Escola 2 reflete a ênfase da teoria na variedade de métodos adaptados a diferentes situações. Já a " Teoria da Paz" vai além da necessidade de programas de mediação e negociação na Escola 1 e treinamentos na Escola 2, abordando a necessidade de diversas estratégias para lidar com as raízes profundas dos conflitos. Ele enfatiza a importância de ir além das soluções superficiais para alcançar uma paz duradoura.

A capacidade de escolha e autonomia das partes envolvidas é central na "Teoria da Justiça Multiportas". Desenvolver um sistema flexível nas duas escolas, permitindo que as partes escolham entre diferentes métodos de resolução de conflitos, alinha-se diretamente com a premissa de empoderamento defendida por Sander. Nesse contexto existe coesão entre a "Teoria da Paz" sobre a importância da participação ativa das comunidades na construção da paz. Ele destaca a necessidade de empoderar as partes para que elas se tornem agentes ativos na resolução de conflitos.

A abordagem adaptável preconizada pela "Teoria da Justiça Multiportas" é refletida na sugestão de adotar uma abordagem flexível para lidar com conflitos específicos nas escolas. Personalizar estratégias de mediação conforme a natureza e gravidade de cada disputa demonstra a aplicação da flexibilidade recomendada por Sander. Aqui também coesos ambos os autores no visto que entendem que o cerne da questão é identificar a complexidade dos conflitos, feito isso, Galtung em sua "Teoria da Paz" defende a adaptação das estratégias de paz de acordo com as circunstâncias específicas de cada situação.

A promoção da comunicação aberta e colaboração entre professores, alunos e demais membros da comunidade escolar está alinhada com o foco da "Teoria da Justiça Multiportas" na colaboração. Incentivar sessões mediadas para construção de consenso e resolução conjunta de disputas reflete a busca por soluções colaborativa o que na " Teoria da Paz", Galtung denomina a necessidade de construir pontes de entendimento.

Destacar a eficiência e a economia de recursos ao optar por métodos alternativos de resolução de conflitos está em sintonia com a abordagem prática e econômica preconizada por Sander na "Teoria da Justiça Multiportas" e, no mesmo viés, " A Teoria da Paz" que preconiza ênfase na eficiência e economia de recursos ao optar por métodos alternativos de resolução de conflitos, por meio de soluções realistas e economicamente viáveis para criar um ambiente pacífico e sustentável.

A priorização da preservação de relacionamentos ao lidar com conflitos reflete a ênfase da "Teoria da Justiça Multiportas" na manutenção de relações saudáveis, contribuindo para um ambiente escolar mais positivo e harmonioso. sobre a importância de construir relações saudáveis para alcançar uma paz positiva. Nesse contexto, a " Teoria da Paz" depreende que as estratégias de mediação melhoram a compreensão e a comunicação alinhando-se aos objetivos propostos.

A implementação de programas preventivos e treinamentos regulares em resolução de conflitos e conscientização está em consonância com a dimensão preventiva defendida por Sander. A prevenção é considerada tão vital quanto a resolução eficaz. Para Galtung somente pelo viés da paz preventiva poderemos construir uma paz duradoura.

A convergência das "Teorias da Justiça Multiportas" de Frank Sander e "Teoria da Paz" de Johan Galtung oferece uma base sólida e abrangente para a mediação escolar, desempenhando um papel fundamental na construção de ambientes educacionais mais saudáveis e colaborativos.

A "Teoria da Justiça Multiportas" de Frank Sander fornece uma estrutura versátil para abordar conflitos escolares. Ao introduzir uma variedade de processos, como mediação e negociação, ela permite a adaptação às nuances de cada situação. A ênfase na escolha e autonomia das partes envolvidas empodera os membros da comunidade escolar, promovendo não apenas a resolução de disputas, mas também o engajamento ativo no processo. A flexibilidade proposta pela teoria permite a personalização das estratégias, enquanto a promoção da colaboração e comunicação contribui para a construção de consenso e relacionamentos duradouros. A eficiência e o custo-benefício são enfatizados, destacando a viabilidade prática das abordagens alternativas de resolução de conflitos. A prevenção e a educação se integram à teoria, reconhecendo a importância de construir uma cultura escolar fundamentada no respeito, diversidade e tolerância.

Por outro lado, a "Teoria da Paz" de Johan Galtung enriquece a abordagem, proporcionando uma compreensão mais profunda dos conflitos e da construção da paz. Sua visão holística da paz vai além da simples ausência de conflitos, buscando promover uma cultura de paz positiva. Os princípios de escolha e autonomia são ressaltados, considerando a participação ativa das partes na construção de ambientes pacíficos. A flexibilidade proposta por Galtung se alinha com a adaptabilidade necessária para lidar com a complexidade dos conflitos escolares. A ênfase na colaboração e comunicação contribui para a construção de pontes entre diferentes grupos na escola. A eficiência e o custo-benefício são igualmente relevantes, destacando a importância de soluções realistas e sustentáveis. A manutenção de relacionamentos e a prevenção de conflitos são centrais para a abordagem de Galtung, promovendo uma cultura de respeito e entendimento.

Em síntese, a integração dessas teorias na mediação escolar não apenas fornece ferramentas práticas para a resolução de conflitos, mas também busca transformar a cultura escolar. Ao adotar esses referenciais teóricos, as instituições educacionais têm a oportunidade de não apenas lidar com conflitos imediatos, mas também de construir ativamente uma base sólida para a paz, respeito mútuo e cooperação contínua entre todos os membros da comunidade escolar.

CONSIDERAÇÕES FINAIS

Este estudo buscou desvendar as complexidades da relação entre violência escolar e poder socioeconômico, explorando desafios enfrentados pelas instituições de ensino e as perspectivas oferecidas por iniciativas como o Projeto Mediação de Conflitos no Ambiente Escolar (MESC). A análise das concepções de violência entre alunos e professores, aliada à implementação das Teorias da Justiça Multiportas de Frank Sander e da Paz de Johan Galtung, revelou insights valiosos para a promoção de um ambiente educacional mais seguro e respeitoso.

Os dados coletados nas escolas analisadas destacaram a complexidade das dinâmicas escolares e a variedade de conflitos presentes, evidenciando a necessidade de uma abordagem abrangente. A Teoria da Justiça Multiportas, ao preconizar diversos processos de resolução de conflitos, alinhou-se efetivamente à promoção de múltiplos caminhos para a resolução consensual nas escolas estudadas.

A ênfase na capacidade de escolha e autonomia das partes envolvidas, central na Teoria da Justiça Multiportas, demonstrou ser um elemento crucial na aplicação bem-sucedida do Projeto Mediação de Conflitos no Ambiente Escolar (MESC), permitindo que as partes escolham métodos de resolução de conflitos adaptados às suas necessidades. Isso, por sua vez, empodera os membros da comunidade escolar, promovendo o engajamento ativo no processo de resolução de disputas.

A convergência das Teorias da Justiça Multiportas e da Paz ofereceu uma base sólida para a mediação escolar, destacando a importância não apenas de resolver conflitos imediatos, mas também de transformar a cultura escolar. A abordagem holística proposta por Galtung contribuiu para uma compreensão mais profunda dos conflitos, promovendo a construção de uma cultura de paz positiva.

Os desafios identificados, como a violência nas relações interpessoais entre professores e a dificuldade de desenvolvimento de trabalhos coletivos, foram abordados através da aplicação das teorias analisadas. A flexibilidade proposta pela Teoria da Justiça Multiportas permitiu a personalização das estratégias, enquanto a ênfase na colaboração, comunicação e prevenção de conflitos, conforme proposto pela Teoria da Paz, contribuiu para a promoção de um ambiente escolar mais harmonioso.

A implementação do Projeto Mediação de Conflitos no Ambiente Escolar (MESC) nas escolas estudadas mostrou-se como uma iniciativa significativa, fornecendo uma metodologia eficaz para desenvolver processos de mediação e capacitar jovens como agentes inibidores da violência. A pesquisa, ao destacar a necessidade de abordagens inovadoras na mediação de conflitos em ambientes educacionais, reforçou a urgência de investir em estratégias que promovam um ambiente escolar mais seguro e propício ao desenvolvimento acadêmico e social dos estudantes.

Em síntese, a integração das Teorias da Justiça Multiportas e da Paz na mediação escolar oferece não apenas ferramentas práticas para a resolução de conflitos, mas também representa uma oportunidade de transformar ativamente a cultura escolar. Ao adotar esses referenciais teóricos, as instituições educacionais podem se posicionar não apenas como solucionadoras de disputas, mas como agentes de construção de paz, respeito mútuo e cooperação contínua entre todos os membros da comunidade escolar.

REFERÊNCIAS BIBLIOGRÁFICAS

Abramovay, M., & outros. (2002). Violências nas escolas. UNESCO, Instituto Ayrton Senna, UNAIDS, Banco Mundial, USAID, Fundação Ford, CONSED, UNDIME. Disponível em: https://unesdoc.unesco.org/ark:/48223/pf0000133967_por. Acesso em: 17 nov. 2023.

BOOK REVIEWS THE POUND CONFERENCE: PERSPECTIVES ON JUSTICE IN THE FUTURE. (n.d.). Retrieved September 1, 2024. Disponível em https://larc.cardozo.yu.edu/cgi/viewcontent.cgi?article=1047&context=clr. Acesso em: 28 nov. 2023.

Defensoria Pública de Minas Gerais. (2021). Mg.def.br. https://defensoria.mg.def.br/artigo-cientifico-ressalta-efetividade-do-mesc-na-reducao-da-violencia-escolar/. Acesso em: 08 nov. 2023.

Galtung, J. (1996) Peace by Peaceful Means Peace and Conflict, Development and Civilization. Sage Publications, London. - References - Scientific Research Publishing. (n.d.). Www.scirp.org. https://www.scirp.org/reference/referencespapers?referenceid=2538070. Acesso em: 12 dez. 2023.

Galtung, J., & Fischer, D. (2013). Johan Galtung. In SpringerBriefs on Pioneers in Science and Practice. Springer Berlin Heidelberg. https://doi.org/10.1007/978-3-642-32481-9. Acesso em: 07 dez. 2023.

Johnson, D. W., & Johnson, R. T. (1996). Conflict Resolution and Peer Mediation Programs in Elementary and Secondary Schools: A Review of the Research. Review of Educational Research, 66(4), 459–506. https://doi.org/10.3102/00346543066004459. Acesso em: 02 dez. 2023.

Joyce Mary Adam. (2021). Indicadores para análise de programas de prevenção de violência escolar: o que professores e alunos têm a dizer. Revista Educação E Cultura Contemporânea, 18(52), 129–153. https://mestradoedoutoradoestacio.periodicoscientificos.com.br/index.php/reeduc/article/view/6005. Acesso em: 03 dez. 2023.

Oliveira, B. (2020). Mediação de conflitos em ambientes educacionais: um horizonte com novas perspectivas. Revista Brasileira de Alternative Dispute Resolution - Brazilian Journal of Alternative Dispute Resolution - RBADR,

2(3), 157–194. https://rbadr.emnuvens.com.br/rbadr/article/view/72. Disponível em: file:///C:/Users/Samsung/Downloads/_72-Texto%20do%20artigo-89-112-10-20210823.pdf. Acesso em: 02 dez. 2023.

Peace by Peaceful Means. (2024). Google Books. https://books.google.com.br/books/about/Peace_by_Peaceful_Means.html?hl=es&id=E0NsCgAAQBAJ&redir_esc=y. Acesso em: 25 nov. 2023.

Silva, J. V. da. (2020, June 22). Gestão escolar e prevenção da violência nas escolas. Profissional de Direito. https://www.direitoprofissional.com/gestao-escolar-e-prevencao-da-violencia-nas-escolas/. Acesso em: 22 nov. 2023.

UNESCO. (2020). School Violence and Bullying, Global Status Report. http://unesdoc.unesco.org/images/0024/002469/246970e.pdf. Acesso em: 15 nov. 2023.

Violência nas escolas tem aumento de 50% em 2023. (2023, November 3). Agência Brasil. https://agenciabrasil.ebc.com.br/direitos-humanos/noticia/2023-11/violencia-nas-escolas-tem-aumento-de-50-em-2023. Acesso em: 10 nov. 2023.

JUSTIÇA RESUTAURATIVA E A CARÊNCIA DE REGULAMENTAÇÃO PARA APLICABILIDADE

Autor: Udo Oswaldo Uhlmann

CONSIDERAÇÕES INICIAIS

A Justiça Restaurativa, assim como a mediação a arbitragem e outros modelos da mesma classe, é defendida como um método de resolução dos conflitos mais consensual e capaz de alijar os tribunais e o sistema penitenciário da excessiva carga que lhes é imposta.

Nesse sentido, a Resolução nº 12/2002, do Conselho Econômico e Social (ECOSOC), da Organização das Nações Unidas (ONU), é considerada um marco regulatório da Justiça Restaurativa, ao estabelecer princípios básicos para sua utilização em matéria criminal, definindo como restaurativo, o processo no qual vítima e/ou ofensor e, quando apropriado, quaisquer outros indivíduos ou membros da comunidade, colaboram ativamente na resolução das questões advindas do delito, em geral, com a participação de um facilitador.

Como base estrutural do trabalho, primeiramente são apresentados outros marcos no desenvolvimento do que viria a ser o modelo de Justiça Restaurativa, começando pelas origens, que em geral remetem a lugares como Austrália, África do Sul, Canadá, Estados Unidos e Nova Zelândia, vinculadas ao resgate de práticas ancestrais, ou mesmo tradições espirituais, dos povos originários de cada país/região.

Tendo como referência os trabalhos de Sica, Attuchi, Azevedo, e Raffaella Pallamolla que define a Justiça Restaurativa como "um modelo de justiça em construção e em constante transformação, composto por valores, princípios e práticas e que se articula de diferentes formas com o sistema de justiça criminal", faz-se uma nova contextualização do modelo restaurativo, sob a perspectiva de duas das principais referências sobre o tema Howard Zehr (1990) e Tony Marshal (1996).

Além disso, esta pesquisa dedica-se a trazer a luz os princípios que compõem o modelo restaurativo, trazendo uma primeira indagação a respeito das dificuldades que um conceito tão amplo, e até mesmo volátil, intrínseco, ou não, ao modelo de Justiça Restaurativa, acarreta quando se pensa na construção de uma base epistemológica sólida de como o modelo pode ser aplicado.

Posteriormente, aborda-se a aplicação da Justiça Restaurativa no Brasil, por meio da Resolução 225/2016, do CNJ. Ainda se perpassa o caminho percorrido pelo instituto no ordenamento jurídico nacional, desde a Resolução 125/2010, do CNJ e da Resolução 118/2014, do Conselho Nacional do Ministério Público (CNMP), ambas na esteira da Resolução 12/2002, da ONU.

MARCOS DA JUSTIÇA RESTAURATIVA E SEUS PRINCÍPIOS NORTEADORES

Mesmo sendo objeto crescente de estudos e encontros acadêmicos pelo mundo, definir um único conceito de Justiça Restaurativa é uma tarefa complexa. Da análise dos estudos brasileiros sobre o tema é possível concluir que conceituar Justiça Restaurativa é quase um paradoxo. "Mais do que uma teoria ainda em formação, a Justiça Restaurativa é uma prática ou, mais precisamente, um conjunto de práticas em busca de uma teoria." (Sica, 2007, p. 10). Ou ainda, "um modelo de justiça em construção e em constante transformação, composto por valores, princípios e práticas. e que se articula de diferentes formas com o sistema de justiça criminal" (Azevedo & Pallamolla, 2014, p. 137). Diante destas constatações, e, considerando a Justiça Restaurativa como um paradigma novo e, portanto, inconcluso, mais importante do que defini-la, é buscar compreendê-la (Gomes Pinto, 2005, p. 21).

Para isso é preciso estabelecer alguns marcos do modelo de Justiça Restaurativa, a começar pelas origens, que em geral remetem a lugares como Austrália, África do Sul, Canadá, Estados Unidos e Nova Zelândia, vinculadas ao resgate de práticas ancestrais, ou mesmo tradições espirituais, dos povos originários de cada país/região.

Outro marco, se refere aos estudos efetivos sobre o tema, em especial na década de 1990, dos quais se destaca o trabalho de Howard Zehr, Changing Lenses: A New Focus for Crime and Justice (2005), que propõe a Justiça Restaurativa como um processo, que deve envolver todos aqueles que têm interesse em determinado conflito ligado a um delito, em uma dinâmica que coletivamente coligue e trate os prejuízos, necessidades e obrigações advindos da ofensa, com o propósito de reestabelecer os indivíduos envolvidos e a situação em si, tanto quanto possível.

Outro autor bastante referenciado pelos pesquisadores do tema é Tony Marshall, que na obra the Evolution of restorative justice in Britain (1996), explica a Justiça Restaurativa como um processo no qual as partes implicadas em um conflito resolvem de forma coletiva como tratar as consequências do fato que deu origem à questão, sem esquecer das implicações futuras que ainda podem advir.

Na prática, a inexistência de um conceito fechado de Justiça Restaurativa pode ser vista como uma questão que dificulta a construção de uma base epistemológica sólida de como o modelo pode ser aplicado. "Trocando as lentes", há quem defenda a existência de um conceito aberto, que transite pela concepção de encontro, reparação, transformação e restauração (Oliveira, 2023, p. 50; Sica, 2007; Azevedo & Pallamolla, 2014).

Ainda que majoritariamente relacionado às questões da justiça criminal, o termo é aplicado em outras áreas, ainda que em campos não judiciais, como escolas, hospitais, empresas, conflitos on-line, por exemplo (Achutti D. , 2013).

A APLICAÇÃO DA JUSTIÇA RESUTAURATIVA NO BRASIL

No Brasil, a regulamentação do instituto da Justiça Restaurativa é trazida pela Resolução 225/2016, do CNJ. Tal espaço no ordenamento jurídico nacional pela Resolução 125/2010, do CNJ e pela Resolução 118/2014, do Conselho Nacional do Ministério Público (CNMP), na esteira da Resolução 12/2002, da ONU.

A Justiça Restaurativa no Sistema Multiportas

No trabalho intitulado Justiça Restaurativa no Sistema Multiportas: um convite à releitura, a pesquisadora Samyle Regina Matos Oliveira (2023), defende que a Justiça Restaurativa possa ser aplicada a conflitos criminais e extracriminais, dentro e fora do judiciário. Partindo da análise das supracitadas resoluções e outros atos normativos que as antecederam, a autora propõe uma compreensão do modelo, na perspectiva da Justiça Multiportas (Oliveira, 2023, p. 90).

A Justiça Restaurativa no contexto do Sistema Multiportas pode ser vista como parte do movimento pela adoção de diferentes modelos de resolução de conflitos, onde cabe às partes a escolha do método mais eficiente para a pacificação do conflito (Oliveira, 2023, p. 91). A autora aponta o Art. 3º, §3º, do Código de Processo Civil, o qual define que "conciliação, a mediação e outros métodos de solução consensual de conflitos deverão ser estimulados por juízes, advogados, defensores públicos e membros do Ministério Público, inclusive no curso do processo judicial, como a norma jurídica que define uma cláusula geral para a adoção do Sistema Multiportas, extraindo da norma o princípio da primazia à solução consensual de conflitos.

Desta feita, pode-se aferir que a referida norma promoveu inclusão do modelo restaurativo no Sistema Multiportas (Didier Júnior & Fernandez, 2022; Martins-Costa, 2018). Por fim, o Enunciado nº 708 reconhece a aplicabilidade das "práticas restaurativas" ao processo civil.

JR NO CONTEXTO DOS MEIOS CONSENSUAIS DE RESOLUÇÃO DE CONFLITO

Nesse contexto, embora a Justiça Restaurativa integre o Sistema Multiportas, diferente dos meios consensuais de resolução de conflitos, seu modelo é mais amplo, abarca um conjunto de práticas - que incluem a própria mediação -, "aplicáveis a uma variedade de conflitos criminais, extra criminais, dentro e fora do judiciário" (Oliveira, 2023, p. 48).

Desta feita, a Justiça Restaurativa, debatida de forma mais abrangente, sem limitar-se apenas a área penal, permite esse "deslocamento do olhar", onde o modelo pode ser estudado no âmbito do Poder Judiciário como um todo, dentro da perspectiva da justiça consensual.

> "Com a proposta desse deslocamento da discussão da justiça restaurativa para a justiça consensual, foi possível contornar algumas resistências e enfrentar outras." (Oliveira, 2023, p. 146)

Uma das perspectivas trabalhadas trata de esclarecer a distinção entre Justiça Restaurativa e Justiça Negociada, no contexto dos negócios jurídicos atípicos. Considerando que "todo acordo restaurativo é um negócio jurídico, mas nem todo negócio jurídico é restaurativo", embora possa ser (Oliveira, 2023, p. 147).

Tais reflexões são importantes, considerando o avanço acelerado da Justiça Restaurativa no Brasil, incentivada pelas Resoluções no CNJ e do CNMP, mas que carecem ainda de parâmetros mínimos para uma efetiva regulamentação.

REGULAMENTAÇÃO DA JUSTIÇA RESTAURATIVA

Nessa entento, entram temas amplamente debatidos por autores que observam obstáculos à aplicação da Justiça Restaurativa na esfera penal. A preocupação com a proteção aos direitos e garantias fundamentais aponta para a importância do reconhecimento da Justiça Restaurativa como parte da Justiça Consensual (Achutti D. , 2013; Azevedo & Pallamolla, 2014).

Em pesquisa contratada pelo CNJ, com o intuito de avaliar a prática no judiciário brasileiro, dentre as conclusões do relatório, destaca-se:

> A Justiça Restaurativa judicial, com os limites legais e ideológicos (resistências) com que vem sendo exercida no Brasil, não tem conseguido sequer alcançar expressivamente a justiça penal e, nos poucos casos em que alcança, não suspende sequer o processo penal, apesar da legislação permiti-lo e tem por objeto crimes considerados leves, excetuando-se a violência doméstica. Com efeito, no presente inexistem condições jurídicas e ideológicas para que a JR dispute o conteúdo central, o núcleo criminalizador duro da justiça penal, cuja base é o conceito positivista de criminalidade (associado à periculosidade) e pena (associado à reintegração dos condenados à sociedade (Andrade, 2018, p. 150).

Partindo da constatação que há uma carência na regulação do modelo restaurativo e ainda, a velocidade com que programas de Justiça Restaurativa têm se propagado pelos tribunais do país, com base no trabalho coordenado pela pesquisadora Vera Regina Pereira de Andrade, Pilotando a Justiça Restaurativa: o papel do poder Judiciário, são apontados questionamentos quanto à efetividade da prática, nos moldes em que se encontra regulada no ordenamento jurídico brasileiro.

Nesse sentido, Samyle Oliveira traz uma reflexão interessante sobre

> "continuar defendendo um ideal de Justiça restaurativa ou torná-la factível, ofertada dentro do Sistema Multiportas, como mais uma forma que pode ser escolhida pelas partes para solucionas os seus conflitos, levando em conta práticas ancoradas em princípios e valores que se afastam da realidade árida da justiça tradicional e aproxima-se de uma solução humanizada." (Oliveira, 2023, p. 147)

Diferente dos demais modelos consensuais, a Justiça Restaurativa, pela sua complexidade, demanda uma regulação específica, que abarque questões importantes, amplamente destacadas no Relatório elaborado pela pesquisadora Vera Andrade (2018) e no trabalho de Oliveira (2023, pp. 200-201):

> Defende-se a necessidade de uma previsão sui generis, que considere: i) A aplicação da justiça restaurativa a conflitos criminais e extracriminais (tendo em vista que é um modelo de justiça voltado à resposta do conflito interpessoal, como dito pela Santos) e ii) Um capítulo próprio para tratar da aplicação em conflito criminal, com previsão de garantias específicas. Nas disposições gerais, devem estar: i) definição; ii) procedimento geral; iii) os requisitos de validade e eficácia dos acordos e, um destaque, para a iv) reparação como consequência jurídica autônoma. no capítulo que verse sobre a aplicação em conflitos criminais devem estar: i) a participação livre, consentida e informada das partes, não limitada a tipos de crimes; ii) as formas de decisão decorrentes do acordo restaurativo para evitar o

"bis in idem"; ill) o critério que o juiz utilizará para eventual extinção da punibilidade ou atenuação da pena; iv) a efetivação e as consequências em caso de descumprimento; e v) a efetivação e as consequências em caso de descumprimento; vi) previsão da suspensão processual com estipulação de prazo e vii) se há possibilidade de acordo entre o MP e o ofensor nos casos em que houver a participação apenas do ofensor em um procedimento restaurativo ou grupo reflexivo. Também se entende necessário que tal proposta estabeleça i) a capacitação dos facilitadores em cursos de capacitação, treinamento e aperfeiçoamento permanentes, bem como oportunidades com trocas e aprendizados horizontais e transversais e ii) a criação de Núcleos de Justiça Restaurativa nos Tribunais, responsáveis pelo fomento, autoavaliação e monitoramento da justiça restaurativa.

Destaca-se a previsão que considere sua aplicação em conflitos dentro e fora do âmbito criminal e se dentro, em quais condições, além de uma proposta que estabeleça os critérios para capacitação e avaliação dos facilitadores e demais membros dos Tribunais.

CONSIDERAÇÕES FINAIS

Com base na presente pesquisa, pode-se entender a ideia da Justiça Restaurativa como um método de resolução de conflitos consensual que apresenta com a capacidade de alijar os tribunais e o sistema penitenciário da excessiva carga que lhes é imposta e por meio da Resolução nº 12/2002 da ONU foi estabelecido os princípios básicos para utilização da prática em matéria criminal, definindo o processo como uma dinâmica na qual vítima e/ou ofensor e, quando apropriado, quaisquer outros indivíduos ou membros da comunidade, colaboram ativamente na resolução das questões advindas do delito, em geral, com a participação de um facilitador.

Verificou-se que os trabalhos de Sica, Attuchi, Azevedo, e Raffaella Pallamolla trouxeram uma nova contextualização do modelo restaurativo, sob a perspectiva de duas das principais referências sobre o tema Howard Zehr e Tony Marshal definindo a Justiça Restaurativa como um modelo de justiça em construção e em constante transformação.

Já tendo como fundamento o trabalho intitulado Justiça Restaurativa no Sistema Multiportas: um convite à releitura, da pesquisadora Samyle Regina Matos Oliveira, foi apresentada as práticas restaurativas em aplicabilidade no âmbito do processo civil com fulcro no art. 3º, §3º, do Código de Processo Civil e o Enunciado nº 708, o qual promoveu inclusão do modelo restaurativo no Sistema Multiportas.

Nesse sentido, conclui-se que, desde que bem estruturada, a Justiça Restaurativa tem a possibilidade de servir de maneira útil tanto na espera civil quanto na criminal, sendo esta última atuando para o fortalecimento da base dos direitos de cidadania e democracia, bem como para a diminuição das desigualdades oriundas do sistema de justiça criminal, especialmente em relação aos menos favorecidos social e economicamente, que constituem a sua maior clientela, como também diminuir a atuação danosa do sistema penal no Brasil e potencializar a democracia na gestão dos conflitos interpessoais.

REFERÊNCIAS BIBLIOGRÁFICAS

Achutti, D. (2013). Justiça restaurativa no Brasil: Possibilidades a partir da experiência belga. Dossiê: Violência e Sociedade • Civitas, Rev. Ciênc. Soc.

Achutti, D. S. (2012). Justiça Restaurativa e Abolicionismo Penal: contribuições para um novo modelo de administração de conflitos no Brasil. Tese de Doutorado apresentada à banca examinadora do Programa de Pós-Graduação em Ciências Criminais, da Faculdade de Direito da PUC-RS, como requisito parcial para aobtenção do título de Doutor em Ciências Criminais, p. 36.

Andrade, V. R. (2018). Pilotando a Justiça Restaurativa: o papel do poder Judiciário. Sumário Executivo Justiça Pesquisa: direitos e garantias fundamentais: Conselho Nacional de Justiça.

Azevedo, R. G., & Pallamolla, R. d. (Março/Abril/Maio de 2014). Alternativas de Resolução de Conflitos e Justiça Restaurativa no Brasil. Revista USP, pp. 173-184.

Brasil. Lei nº 13.105, de 16 de Março de 2015. Código de Processo Civil. Acesso em 9 de Dezembro de 2023, https://www.planalto.gov.br/ccivil_03/_ato2015-2018/2015/lei/l13105.htm

Brasil. Conselho Nacional de Justiça. Resolução nº 225, de 31 de maio de 2016. Dispõe sobre a Política Nacional de Justiça Restaurativa no âmbito do Poder Judiciário e dá outras providências. Acesso em 9 de Dezembro de 2023, https://atos.cnj.jus.br/files/resolucao_225_31052016_02062016161414.pdf

Brasil. Conselho Nacional de Justiça. Resolução nº 125 de 29 de novembro de 2010. Dispõe sobre a Política Judiciária Nacional de tratamento adequado dos conflitos de interesses no âmbito do Poder Judiciário e dá outras providências. Acesso em 9 de Dezembro de 2023, https://atos.cnj.jus.br/files/resolucao_125_29112010_03042019145135.pdf

Brasil. Conselho Nacional do Minisério Público. Resolução nº 71, de 15 de junho de 2011. Dispõe sobre a atuação dos membros do Ministério Público na defesa do direito fundamental à convivênciafamiliar e comunitária de crianças e adolescentes em acolhimento e dá outras providências. Acesso em 9 de Dezembro de 2023, https://www.cnmp.mp.br/portal/images/Resolucoes/Resoluo-0711.pdf

Brasília. (2022). Enunciado nº 708 do Fórum Permanente de Processualistas Civis (FPPC). Acesso em 9 de Dezembro de 2023, https://diarioprocessualonline.files.wordpress.com/2022/03/enunciados-fpcc-2022-1.pdf

Conselho Nacional do Ministério Público. Resolução nº 118, de 1º de Dezembro de 2014. Dispõe sobre a Politica Nacional de Incentivo à Autocomposição no âmbito do Ministério Público e dá outras providências. Acesso em 9 de

Dezembro de 2023, https://pesquisa.in.gov.br/imprensa/jsp/visualiza/index.jsp?data=27/01/2015&jornal=1&pagina=48&totalArquivos=56

Didier Júnior, F., & Fernandez, L. (2022). O Conselho Nacional de Justiça e o Direiro Processual. JusPodvim.

Gomes Pinto, R. (2005). Justiça Restaurativa é Possível no Brasil? Em R. C. De Vito, C. Slakmon, & R. S. Gomes Pinto, Justiça Restaurativa (pp. 19-52). Ministério da Justiça e Programa das Nações Unidas para o Desenvolvimento - PNUD.

Jr., F. D., & Fernandez, L. (2023). O Conselho Nacional de Justiça e o Direito Processual - Administração Judiciária, Boas Práticas e Competência Normativa. JusPodivm.

Marshall, T. F. (1996). Evolution of Restorative Justice in Britain Volume: 4 Issue: 4. European Journal on Criminal Policy and Research, p. 23.

Martins-Costa, J. (2018). A Boa Fé no Direito Privado: Critérios para sua aplicação. Saraiva Educação.

Oliveira, S. R. (2023). Justiça Restaurativa no Sistema Multiportas: um convite à releitura / Samyle Regina Matos Oliveira. Editora Dialética.

Paumgartten, M. P. (29 de Novembro de 2014). A Mediação de Conflitos Trabalhistas no Brasil e a Mediação Judicial no Tribunal do Trabalho do Reino Unido. Revista Eletrônica de Direito Processual – REDP - Periódico da Pós-Graduação Stricto Sensu em Direito Processual da UERJ. , pp. 411-437.

Sica, L. (2007). Justiça Restaurativa e Mediação Penal. O Novo Modelo de Justiça Criminal e de Gestão do Crime. Editora Lumen Juris.

Zehr, H. (2005). A New Focus for Crime and Justice. Herald Press.

Made in the USA
Monee, IL
04 November 2026

67377517R00069